Rolf Kauka's

BUSSI BÄR

MEIN ERSTES LEXIKON

MOEWIG

Konzeption, Layout und Redaktion:
Bernd Gärtig

Illustrationen: Ana Merino und Angel Nadal

Umschlagentwurf und Umschlaggestaltung:
Werbeagentur Zeuner, Ettlingen

Druck und Bindung: Printer Portuguesa, Lissabon

Printed in Portugal 1992

ISBN 3-8118-1213-0

Apfel

Esel

Indianer

Hammer

Vorwort für Eltern und alle, die es gerne lesen möchten.

Dieses Lexikon ist für alle Vorschulkinder und Grundschüler konzipiert. Die kleinen Bussi-Bär-Freunde können noch nicht schreiben und lesen. Sie leben in ihrer bildhaften Vorstellungswelt, und sie kennen Tiere, Pflanzen und Früchte.
Im Vorschulalter entwickeln die Kinder ihre eigene sachliche Darstellung. Die Kinder zeichnen Bilder mit Dingen und Handlungen. Das erste Lexikon der beliebten wissenschaftlich empfohlenen Spiel- und Vorschule Bussi-Bär wurde nach neuesten pädagogischen Kenntnissen zusammengestellt und kindgerecht illustriert.
Die kleinen Freunde von Bussi-Bär sollen mit diesem ersten Lexikon nicht überfordert werden. Für diese Kinder sind hauptsächlich die Bilder-und Wörtertafeln zu jedem Buchstaben gedacht. Zu jedem Bild ist das bezeichnende Schriftbild für das Substantiv beigefügt. Des weiteren sind zu fast allen Buchstaben Handlungsbilder mit Bussi-Bär oder Bello vorhanden. Jeweils ein kurzer Handlungssatz beschreibt das Geschehen und vertieft das Verb.
Im Register sind alle Substantive mit dem dazugehörigen Geschlechtswort und alle Verben in alphabetischer Reihenfolge mit der Seitenbezeichnung genannt. Für das lesekundige Kind dient das Register als Grundwortschatz, und es ist eine notwendige Orientierungshilfe für alle bei uns oder im Ausland lebenden Kinder, die gerne die deutsche Sprache lernen wollen.
Dieses Lexikon veranschaulicht auch Wortgruppen und ihre Bedeutung, dargestellt aus der kindlichen Umwelt. Besuche im Bussi-Bär-Garten, beim Zahnarzt, im Supermarkt, in der Schule, im Kindergarten und in Bussi-Bärs Badezimmer sind angesagt. Bilder und Wörter, Gegenstände, Zahnteile und Pflanzen sind verbunden mit kindgerechten Schriftbildern zum Erlesen.
Dieses erste Lexikon von Bussi-Bär können die Kinder anschauen, lesen, in der Grundschule miteinander lesen, und es soll die Kinder informieren und zum Nachdenken anregen. Die zu jedem Buchstaben definierten Begriffe lehren dem Kind, Dinge in kurzer Form verbal zu beschreiben.
Zusammen mit Erziehern, Erzieherinnen und Grundschullehrern wurde anhand von pädagogischen Erfahrungen die Auswahl der Tiere, der Pflanzen und der notwendigen Umweltthemen getroffen. Die Texte wurden unter dem kindgerechten informativen Wert erstellt. Die Erklärungen und notwendigen Namensbezeichnungen bereichern das Wissen der Vorschulkinder und Grundschüler, und sie regen zum Selbstlesen und sich selbst Informieren an.
Wesentliche Elemente dieser Informationsseiten sind die hervorragenden Illustrationen, die die Ideen der Redaktion realisiert haben. Alles ist gründlich durchdacht, und der Informationsprozeß des Kindes vollzieht sich auf spielerische Weise. Dieser pädagogisch wertvolle Effekt der ebenso interessant und kindgerecht illustrierten

Kamel

Leiter

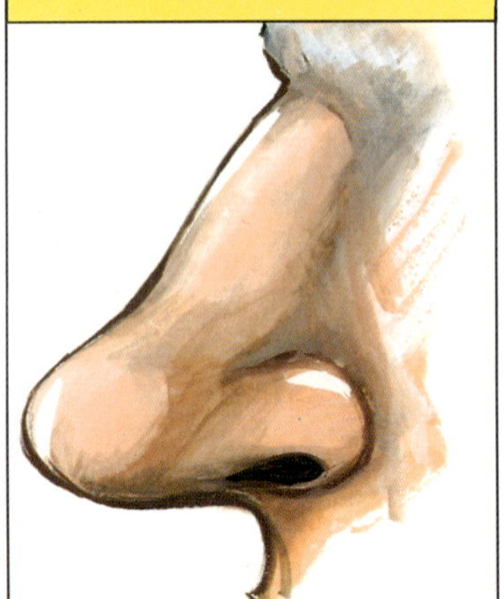

Nase

Erdteilinformationsseiten führt die Kinder auf ihre erste Erlebnisreise rund um die Welt, ohne daß dabei die fünf Erdteilseiten mit Details und Informationen überfrachtet sind.
Und auch der größte Spaß der Vorschulkinder und Grundschüler wird mit dem ersten Lexikon von Bussi-Bär erfüllt. Die Kinder dürfen nach Herzenslust die bebilderten Verben mit ihren Freunden Bussi-Bär und Bello farbenfroh anmalen. Somit wird dieses informative erste Lexikon von Bussi-Bär zu einem selbstgestalteten Benutzerlexikon.
Viel zu schnell werden die Kinder in den Grundschuljahren und später mit der Schulrealität konfrontiert. Sachbücher in Biologie, Geographie, Physik, Chemie, Psychologie sowie inhaltliche Auseinandersetzungen mit den wesentlichen Informationen folgen. In dieser Zeit werden die Kinder allzugern voller Freude und Sehnsucht an ihr erstes Lexikon von Bussi-Bär denken.

Viel Spaß beim Nachschlagen, Lesen und Informieren wünscht allen Kindern

die Bussi-Bär-Redaktion

Bernd Gärtig

Rastatt, im Sommer 1992

Schiff

Tafel

Windmühle

Zwerg

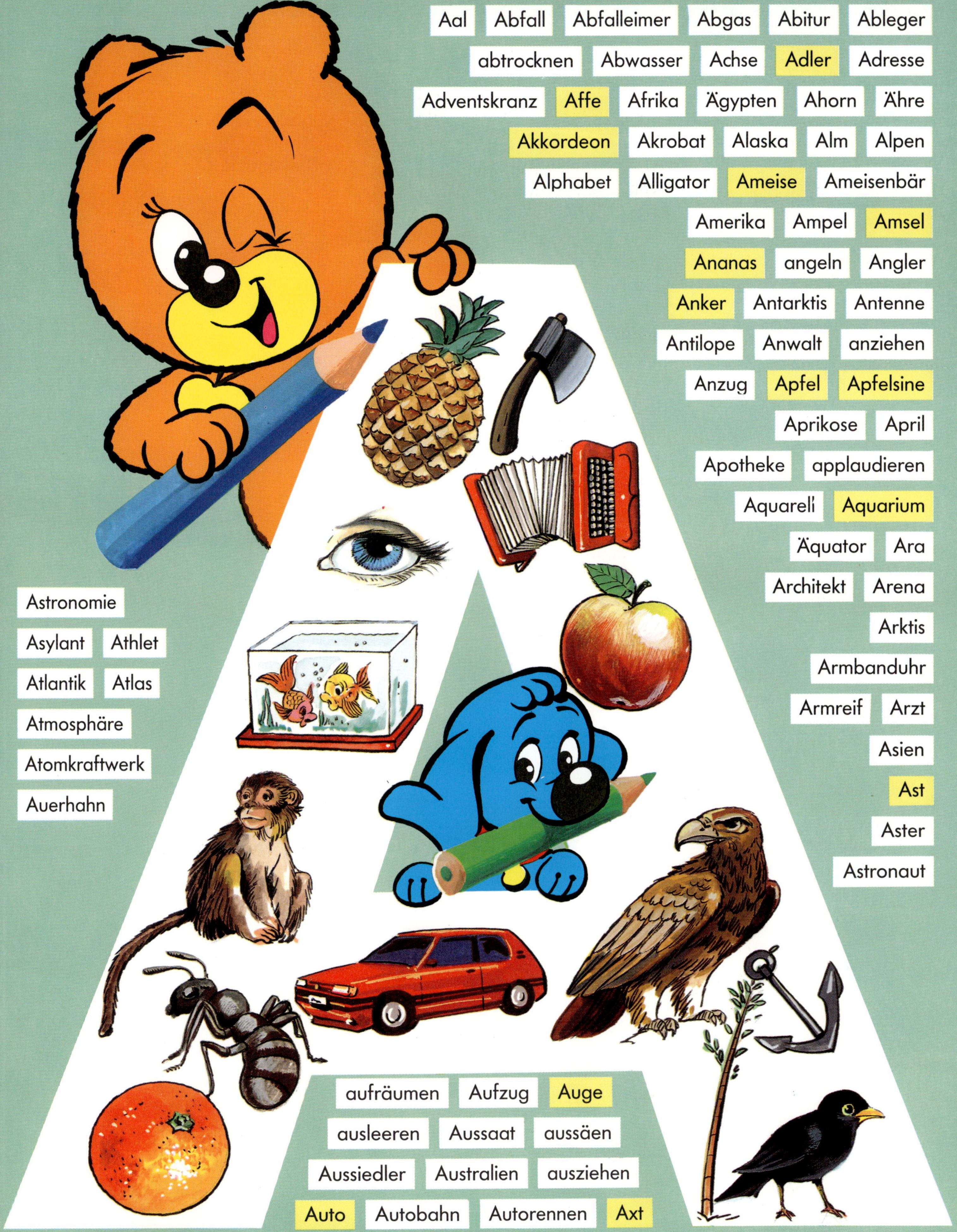

Aal Abfall Abfalleimer Abgas Abitur Ableger
abtrocknen Abwasser Achse Adler Adresse
Adventskranz Affe Afrika Ägypten Ahorn Ähre
Akkordeon Akrobat Alaska Alm Alpen
Alphabet Alligator Ameise Ameisenbär
Amerika Ampel Amsel
Ananas angeln Angler
Anker Antarktis Antenne
Antilope Anwalt anziehen
Anzug Apfel Apfelsine
Aprikose April
Apotheke applaudieren
Aquarell Aquarium
Äquator Ara
Architekt Arena
Arktis
Armbanduhr
Armreif Arzt
Asien
Ast
Aster
Astronaut

Astronomie
Asylant Athlet
Atlantik Atlas
Atmosphäre
Atomkraftwerk
Auerhahn

aufräumen Aufzug Auge
ausleeren Aussaat aussäen
Aussiedler Australien ausziehen
Auto Autobahn Autorennen Axt

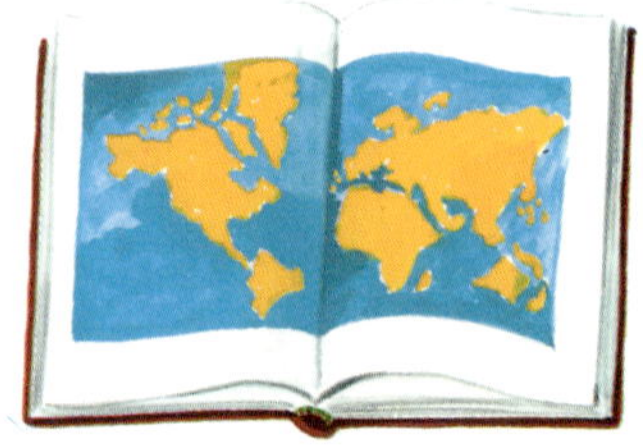

Ananas	Akkordeon	Apfel	Atlas

Bussi-Bär angelt am Fluß.

Abwasser – Das verbrauchte und dabei verschmutzte Wasser der Haushalte und der Industrie.

Alphabet – Alle Buchstaben einer Sprache. Das deutsche Alphabet hat 26 Buchstaben.

Astronaut	Anker

Antarktis – Ein Kontinent im südlichen Polarmeer.

Arktis – Das Gebiet um den Nordpol.

Äquator – Die gedachte Linie, die wie ein Gürtel um die Erdkugel verläuft. Der Äquator ist 40 077 km lang.

Bussi will die Jacke anziehen.

Bussi applaudiert nach Bellos Schlag.

Viele Affen leben in Afrika

Gorilla

Der Gorilla ist der größte Menschenaffe, und er lebt in kleinen Familien in den afrikanischen Regenwäldern. Er kann bis zu zwei Meter groß werden und vier Zentner wiegen. Der schwere Gorillamann klettert nur selten auf Bäume. Die leichteren Weibchen und die kleinen Gorillas klettern auf Bäume, um saftige Sprossen, Beeren und Früchte zu pflücken. Der Gorilla läuft auf allen vieren, und er stützt sich beim Laufen auf den abgeknickten Fingerknöcheln seiner Vorderfüße ab. Erschreckt sich ein Gorilla, stellt er sich auf seine Hinterbeine und trommelt mit seinen Händen auf die Brust.

Male den Gorilla, den Pavian, den Schimpansen und den Lemuren an.

Pavian

Der Pavian lebt in den afrikanischen Savannen in Horden mit meist mehr als fünfzig Tieren zusammen. Der Pavian hat eine längliche Schnauze und einen kräftigen Kiefer. Tagsüber lebt er auf dem Boden, ernährt sich von Pflanzen und Blüten, Ameisen und Wanderheuschrecken. Abends suchen die Paviane geschützte Baumgruppen, klettern in das Geäst und verbringen ihre Nacht schlafend auf den Bäumen. Die Paviane sind sehr liebebedürftig, und sie paaren sich zu jeder Jahreszeit. Ein halbes Jahr nach der Paarung gebärt das Pavianweibchen seine Babys.

Schimpanse

Der Schimpanse ist der kleinste Menschenaffe, und er sieht dem Menschen am ähnlichsten. Der Schimpanse lebt im dichten Urwald Afrikas und in den angrenzenden Savannen. Er wird bis zu vierzig Jahren alt, und er frißt Pflanzen und Früchte, am liebsten Bananen und Wildfeigen. Der Schimpanse kann in seinen Gesichtszügen Freude, Trauer und auch Wut ausdrücken. Er ist ein sehr kluges Tier und kann sogar mit Stöcken und Werkzeug umgehen.

Der Lemur ist ein katzengroßer Halbaffe, der nur auf der Insel Madagaskar lebt, und diese Insel liegt südöstlich vor Afrika im Indischen Ozean. Der Lemur hat ein dichtes, lebhaft gefärbtes Fell. Mit seinem langen Schwanz wird ein Lemur bis zu einem Meter lang, und beim Klettern kann er sich mit seinem Schwanz festhalten.

Lemur

Der Afrikanische Elefant

Der Afrikanische Elefant lebt in den Baumsavannen und Steppen Afrikas. Er wird etwa vier Meter hoch. Das ist höher als deine Wohnung. Ein Elefantenbulle wiegt über 6000 Kilogramm, und ein weiblicher Elefant ist leichter, er wiegt nur 4000 Kilogramm.

Elefanten können bis zu 80 Jahre alt werden. Nach einer Tragezeit von 2 Jahren bringt eine Elefantenkuh ihr Baby zur Welt. Die Elefantenmutter säugt ihr Kind, und sie betreut ihren kleinen Liebling zwei Jahre lang. Die Elfenbeinstoßzähne der Elefanten entwickeln sich erst am Ende der Kindheit. Die Ohren des ausgewachsenen Elefanten sind meist so groß wie ein sechsjähriges Kind.

Das Elefantenbaby ist meist einen Meter groß und wiegt 125 Kilogramm. Die Zitzen der Mutter sitzen hinter den Vorderbeinen. Das Baby nimmt die Zitzen ins Maul und biegt seinen Rüssel nach hinten.

Oben siehst du einen Afrikanischen Elefanten und unten einen Asiatischen Elefanten.

Afrika

Die Wüste Sahara bedeckt große Teile Afrikas im Norden. Dort leben die hellhäutigen Araber. Beiderseits des Äquators erstrecken sich riesige Urwälder. Der Süden Afrikas ist reich an Seen, Flüssen und wilden Tieren.

Der Äquator ist vom Süd- und Nordpol gleichweit entfernt, und ist eine gedachte Linie, die um die Erdkugel verläuft und sie in eine nördliche und eine südliche Hälfte teilt.

Giraffen, Strauße, Nilpferde, Schimpansen und Zebras leben nur in Afrika.

Heute leben Elefanten, Antilopen und Löwen geschützt in Wildreservaten. Sie zu jagen, ist verboten.

In Alaska und Grönland ist es sehr kalt.

Die Vereinigten Staaten von Amerika, die USA, sind nur ein Teil von Nordamerika. Kanada und Teile von Mexiko gehören ebenso zu Nordamerika, das durch Mittelamerika mit Südamerika verbunden wird.

Amerika

Amerika ist der zweitgrößte Erdteil. Die Karte zeigt, daß Amerika ein Doppelerdteil ist.

Christoph Kolumbus segelte 1492 mit der Santa Maria nach Amerika.

Einst war Amerika das Land der Indianer und Cowboys.

Einige seltene Tiere wie Papageien, Tukane, Kolibris und Ameisenbären leben in Südamerika. Argentinien und Brasilien sind die größten Länder Südamerikas.

Der Amselvater baut ein Nest, und seine Frau legt die Eier

Im Mai bauen viele Vögel ihre Nester. Auch die Amseln. Die Amselfrau legt meist 3 bis 5 Eier und brütet sie aus. Die Amselmutter hat ein unscheinbares braunes Federkleid. Es ist eine Tarnung während der Brutzeit, die vor Feinden schützt. Der Amselvater bringt seiner brütenden Frau das Futter. Oben auf dem Eidotter liegt die Keimscheibe. Aus dieser beginnt nach der Befruchtung das Küken zu wachsen. Das Küken wächst aber nur, wenn das Ei warm gehalten wird. Deshalb brütet die Amselmutter.

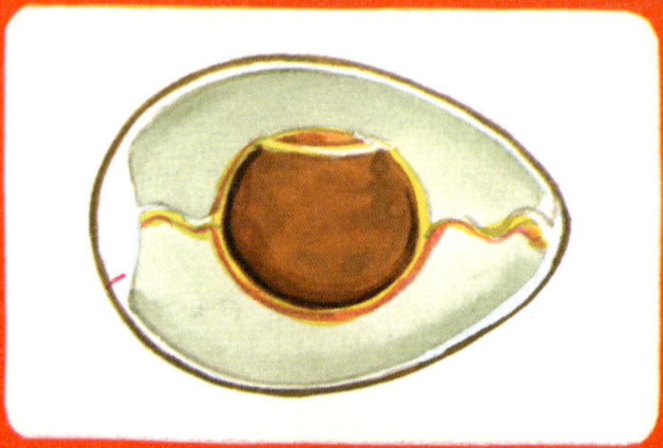

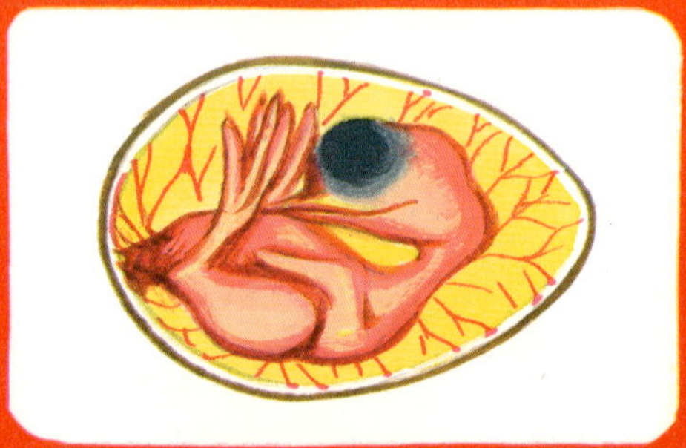

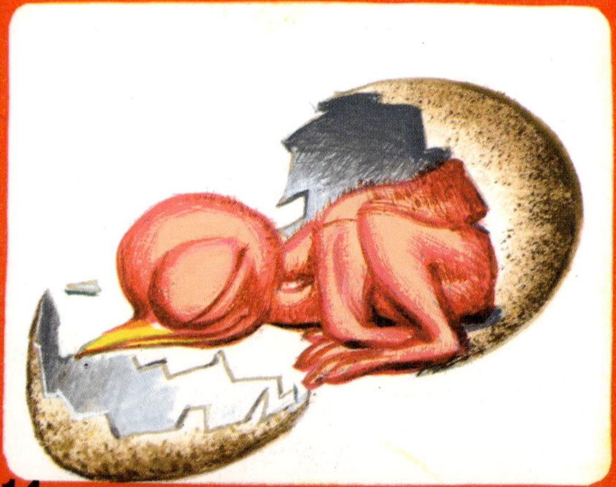

Ist das Amselküken im Ei gewachsen, durchstößt es von innen die Eischale. Es ist nackt und blind und wird im Nest von den Vogeleltern gepflegt.

Asien

Asien beginnt östlich des Uralgebirges und des Kaspischen Meers in der GUS. China, Japan und Indien sind Länder Asiens, und die Hälfte aller Menschen wohnen in Asien. Die Ölländer Iran, Irak, Israel und die Länder der arabischen Halbinsel liegen in Vorderasien, dem südwestlichsten Teil Asiens. Der Mount Everest ist 8848 m hoch und der höchste Berg der Erde.

Australien

Australien ist der kleinste Erdteil und ist umgeben vom Indischen Ozean und vom Pazifischen Ozean. Steppen und Wüsten sowie Mittelgebirge und Buschgebiete durchziehen das Innere von Australien.

In Australien leben nur 15 Millionen Menschen, die wegen der großen Hitze im Inneren des Landes in den großen Städten an den Küsten wohnen und arbeiten. Es sind meist Nachkommen der britischen Einwanderer. Es leben noch 50 000 Ureinwohner in Australien.

Die Känguruhs gibt es nur in Australien. Das Weibchen zieht seine Kinder im Beutel groß.

Auf der Insel Neuseeland gedeihen die Kiwis in nasser vulkanhaltiger Erde in Plantagen.

Baby Bäcker Bäckerei Bad Bademantel Badeöl Bagger Bahnhof Ball Bambus

Banane Bank Bart bauen Baum bellen Benzin Berg Bernhardiner Besen Besteck

Bett bezahlen Bibel Biber

Biene binden Birne

Blatt Blume

Bohne Bohrer

Boje Boot

Boxer Brief

Briefmarke

Briefträger Brille

Brot Brötchen

Brücke brüllen

Bruder Brunnen

Brust Buch Buche

Buchstabe Bügeleisen

Buntpapier Buntstift

Burg Bürste Busch

Butter

Banane

Brot

Bello

Besen

Barbie – Erste Anziehpuppe der Welt, 1959 von Ruth Handler in Amerika kreiert.

Bauer – Ein Bauer lebt mit der Bäuerin auf einem Bauernhof, bearbeitet seine Felder und züchtet Vieh.

Bibliothek – Eine Sammlung von Büchern.

Bussi baut mit seinen Holzbausteinen.

Bussi-Bär bindet einen Blumenkranz.

Brille – Augengläser zum Ausgleichen eines Sehfehlers.

Breitengrad – Südlicher oder nördlicher Abstand eines Ortes vom Äquator.

Bronze – Eine Mischung aus den Schwermetallen Kupfer und Zinn.

Büffel – Ein wildlebendes Rind mit gebogenen Hörnern.

Boot

Bambus

Boje

Buch

Der Bäcker backt das Brot

In Mexiko wird das Fladenbrot aus Mais hergestellt. Man nennt es Tortilla. Bussi formt die Tortilla mit den Händen.

Bereits zur Zeit der Pharaonen backten die Ägypter Fladenbrot, genannt Galette, auf erhitzten Eisenplatten.

Die Griechen erfanden den Backofen. Die Backöfen waren aus Erde, Stein und Ziegeln gemauert und wurden mit Holz beheizt.

Brot ist auf der ganzen Welt eines der wichtigsten Nahrungsmittel. Die Menschen kennen Brot seit vielen tausend Jahren. Bello mag vitaminreiches, herzhaftes Vollkornbrot und dunkles Roggenbrot.

Brot entsteht aus Mehl, Wasser, Salz und einem Treibmittel, der Hefe. Ohne Hefe wäre das gebackene Brot hart. Bussi legt eine Teigkugel in einen Korb. Dort ruht sie eine Stunde und wird dicker. Die Teigkugel geht auf. Die Gasblasen im Inneren lockern den Teig. Sind die Teigkugeln aufgegangen, schiebt Bussi sie in den Ofen. Nach ein bis zwei Stunden ist das Brot knusprig braun gebacken.

Baden und Körperpflege machen Spaß

Badeschwamm

Kamm

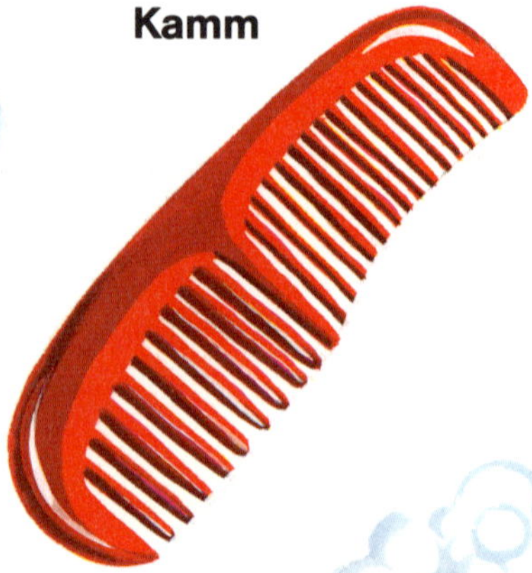

Badeentchen

Seife

Tägliche Körperpflege ist wichtig und macht Spaß. Hast du am Tag draußen mit deinen Freunden viel gespielt, bist du gerannt, und hast du dabei mächtig geschwitzt, so ist eine Dusche am Abend oder ein gemütliches Bad auf jeden Fall erforderlich. Mache es so wie deine Freunde Bussi-Bär und Bello, und wasche dich gründlich.
Was es alles in dem Badezimmer von Bussi gibt, das siehst du hier. Zeige deiner Mami dir bekannte Dinge, und nenne ihre Namen.

Badeschaum

Schiff

Badeöl

Kordelseife

Bademantel

Handbürste

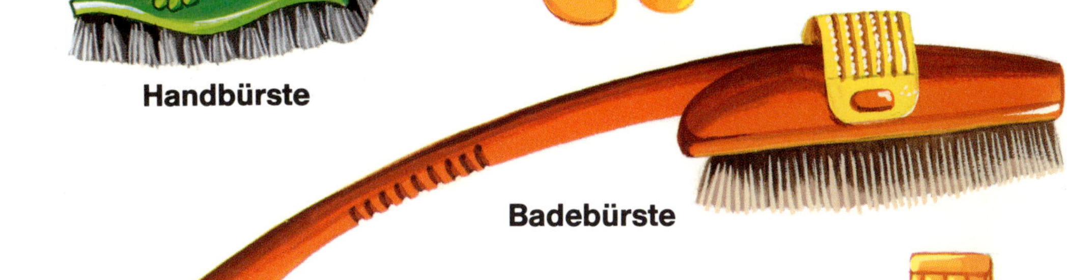

Badebürste

Zahnbürste

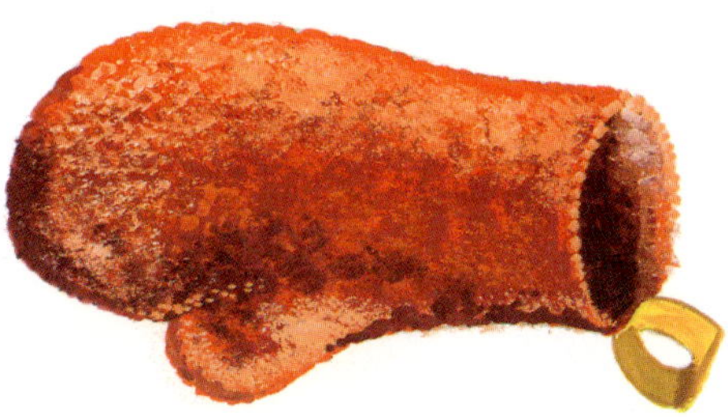

Waschlappen

Zahnpaste

Haarschampon

Planschspielzeug

Haarbürste

Die Bananen

Spezielle Bananendampfer bringen die Bananen nach Deutschland. Damit die Bananen während ihrer zwölftägigen Reise nicht faulen, werden sie kühl gelagert.

Vitamine **Mineralien**

Ballaststoffe

Bananen sind sehr nährstoffreiche Früchte. Bussi und Bello mögen die mit wichtigen Vitaminen, Ballaststoffen und Mineralien angereicherten Bananen. Traubenzucker und Fruchtzucker machen sie außerdem zu einem idealen Energiespender.

Bananen wachsen an baumähnlichen, sehr hohen und dicken Stauden.
Ein Wachstumshormon läßt die jungen Bananen krumm nach oben wachsen.

Die Bananen kommen ursprünglich aus Thailand, aus Indien und von den Philippinen. Heute gibt es aber auch in Mittel- und Südamerika und in Afrika große Bananenplantagen.
Für ihr Wachstum brauchen Bananen viel Wärme, Feuchtigkeit und einen nährstoffreichen Boden. Bananen müssen drei Monate wachsen und können das ganze Jahr hindurch geerntet werden, hauptsächlich jedoch von Oktober bis März.

Die Brüllaffen

Große neuweltliche Affen sind die Brüllaffen. Der Rote Brüllaffe lebt im Amazonasgebiet, der Schwarze Brüllaffe lebt in Brasilien und Bolivien. Sie werden bis 70 Zentimeter groß, und sie haben am Ende der Unterseite nackte Greifschwänze.

Wenn ein Brüllaffe brüllt, dann brüllt er gewaltig laut. Bis zu 2,5 Kilometer weit durch den Urwald ist sein Gebrüll zu hören. Mit seinem Gebrüll markiert der Brüllaffe seinen beanspruchten Lebensraum. Die Brüllaffen haben ein langes Haarkleid und haben wie alle neuweltliche Affen keine Backentaschen und Gesäßschwielen.

Der Biber ist ein großes Nagetier und hat sehr kräftige Nagezähne. Er ißt Holz, und er kann sogar Bäume aus weichem Holz fällen.

Mit den Vorderfüßen kann der Biber greifen. An den Hinterfüßen hat er Schwimmhäute. Der Biber kann gut schwimmen und tauchen.

Aus Ästen und Zweigen baut der Biber seine Biberburg. Mit Lehm, Schlamm und Steinen dichtet er die Biberburg ab.

Der Eingang zur Biberburg liegt unter dem Wasser. Der Wohnraum, der Kessel, liegt über dem Wasser.

Der Biber

Bei uns gibt es kaum noch Biber. Heute lebt der Biber meist in Nordamerika. Er ist ein Pflanzenfresser, ein guter Schwimmer und Taucher. Er kann die Ohren und Nasenlöcher verschließen und mehr als zehn Minuten unter Wasser bleiben. Der Biber hat einen mit Schuppen besetzten platten Schwanz. Er dient als Ruder beim Schwimmen. Im Frühjahr bringt das Biberweibchen bis zu 8 Junge zur Welt.

Prächtige bunte Blumen

Rosen strahlen wie Königinnen im Bussi-Garten. Aber Vorsicht, an ihren Stengeln sind Dornen!

Rosen sind Strauchgewächse, und sie blühen in vielen Farben den ganzen Sommer über. Alle Rosen duften fein.

Sonnenblumen sind die Riesen im Garten. Sie wachsen einjährig und brauchen viel Wasser. Die Sonnenblumenblüte dreht sich nach dem Tageslauf der Sonne.
Die Sonnenblumenkerne sind ein begehrter Schmaus für die Vögel. Möchtest du aber die Sonnenblumenkerne ernten, trocknen und als Winterfutter für die Vögel ausstreuen, so binde ein dünnes Tuch über die Blüte, sobald die Körner reif sind.

Tulpen sind Zwiebelgewächse. Im Herbst werden die Zwiebeln der Tulpen 10 Zentimeter tief in die Erde gesteckt. Im Frühjahr blühen die Tulpen.

Narzissen sind Zwiebelgewächse und erblühen zu Frühlingsanfang.

Der rote **Klatschmohn** blüht im Sommer auf unseren Getreidefeldern. Charakteristisch für den Klatschmohn sind die abstehenden Borsten der Blütenstiele.

Die blaue **Iris** wird auch Schwertlilie genannt. Sie ist in Mitteleuropa eine der schönsten Gartenpflanzen. Die Iris ist eine Staudenpflanze mit schwertförmigen grasartigen Blättern.

campen Camping Campingplatz Caravan Cäsar CD-Platte Cello Chamäleon

Champagner Champignon chartern Chef Chemie Chile Chinakohl Chinese Chor

Christbaum Christkind Clown Comic Computer

Collagen colorieren

Container

Couch

Coupé

Computer	**Chinese**	**Cello**	**Clown**

Camping – Das Leben im Zelt oder im Wohnwagen. Auch Bussi-Bär macht gerne einen Camping-Urlaub.

Chamäleon – Eine Echsenart, die je nach Belieben ihre Farbe wechseln kann und auf Bäumen lebt.

Charakter – Wesens- und Eigenart eines Menschen oder eines Tieres.

Bussi-Bär campt mit seinem Freund Bello.

Bussi-Bär chartert ein Flugzeug.

Computer – Eine elektronische Rechenmaschine. 1946 wurde der erste elektronische digitale Rechencomputer gebaut.

Cowboy – Das englische Wort für Kuhjunge. Die Hirten großer Rinderherden in Amerika werden Cowboys genannt.

Container	**Comic**

Bussi-Bär coloriert das Bild.

Dach Dachs Dackel Dahlie Dalmatiner Dampfer

decken Delphin denken Dezember Diapositiv

Diamant dichten Dienstag Digitaluhr

Dinosaurier Distel

Doktor Domino

Dompteur

Dose

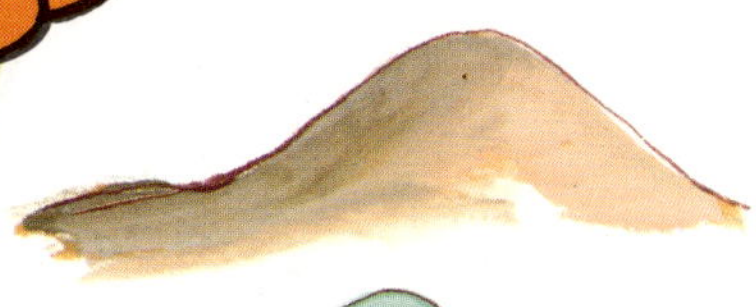

Drachen

Dreieck

Dromedar Drossel

Düne Duplo Dusche

Der Dachs

Der Dachs ist der größte Marder und lebt im Wald. Du wirst ihn aber bei einem Waldspaziergang nicht sehen, denn der Dachs ist menschenscheu. Tagsüber lebt er in seinem Dachsbau. Der Wohnraum ist mit Laub gepolstert, und meist sechs Röhrengänge führen nach draußen. Nach Sonnenuntergang sucht der Dachs Nahrung im Wald. Der Dachs ist ein Allesfresser und Winterruher. Er mag Samen, Früchte, Eicheln, Wurzeln, Würmer, Frösche und Schnecken. An milden Wintertagen unterbricht er seinen Winterschlaf.

Anfang März gebärt das Weibchen meist drei Babys. Die Mutter säugt die Jungen.

In der Abenddämmerung sucht der Dachs seine Nahrung im Wald.

Der Deutsche Schäferhund lernt schnell, seinem Herrn zu gehorchen und ihm dienlich zu sein.

Der Deutsche Schäferhund ist von Natur aus ein guter Springer. Er springt über 1,50 Meter hoch.

Im Alter von 14 Monaten beginnt die Ausbildung für einen Blindenführhund, und er lernt, Blinde durch den Straßenverkehr zu führen.

Der Deutsche Schäferhund

Der Deutsche Schäferhund ist ein intelligentes und sehr gelehriges Haustier. Erstmals wurde der Deutsche Schäferhund am 22. April 1899 auf einer dieser Rasse gewidmeten Hundeschau in Karlsruhe gezeigt. Das ideale Gewicht liegt zwischen 35 kg und 40 kg bei einem Rüden. Die Hündin ist meist etwas leichter. Der Deutsche Schäferhund ist kühn, gehorsam, ausgeglichen, kinderfreundlich, treu, und er steht seinem Herrn mit enormer Bereitschaft zur Seite. Wegen seiner sehr guten Riechfähigkeit dient er als Fährten- und Suchhund. Er kann Spuren verfolgen, die einige Tage alt sind.

Domino

Düne

Dusche

Diamant

Datum – Zeitangabe mit Tag, Monat und Jahr.

Dolmetscher – Ein Sprachkundiger, der viele Sprachen lesen und sprechen kann und bei Gesprächen fließend von einer Sprache in die andere übersetzt.

Donau – Der zweitlängste Fluß Europas.

Bussi-Bär dreht an der Drehorgel.

Bussi-Bär deckt das Dach.

Drache – ein Fabeltier, das in vielen Märchen und Sagen als Ungeheuer in Form einer riesigen Eidechse erscheint.

Dünger – Nährstoffe, die dem Boden zugeführt werden.

Dynamit – Ein Sprengstoff, der von dem Schweden Alfred Nobel 1867 erfunden wurde.

Dompteur

Dachs

Dromedar

Dalmatiner

Ebbe Ei

Eiche

Eichhörnchen

Eimer Eis

Elefant Elch

Ellenbogen

Elster Eltern Engel England Ente entdecken

Enzian Erbse Erdbeere Erde Erdnuß

erfinden Erfinder Erz erzählen Esel essen

Eskimo Eule Europa Examen Explosion

Elefant	Elch	Esel	Eskimo

Bussi-Bär entdeckt einen Schatz.

Ebbe – Niedrigster Wasserstand an der Küste.

Ehe – Die Form einer Lebensgemeinschaft von Mann und Frau, die durch die Heirat zusammengeschlossen wird.

Elch – Der größte Hirsch.

Ente	Engel

Bussi-Bär ißt ein Brot.

Erdachse – Eine gedachte Linie, um die sich die Erde dreht.

Esel – Ein kleines graubraunes mit dem Pferd verwandtes Lasttier. Ein Esel hat längere Ohren als das Pferd.

Europäische Gemeinschaft – Abgekürzt EG genannt, ist der Zusammenschluß von europäischen Staaten in verschiedenen Gemeinschaften.

Bussi-Bär erzählt eine Geschichte.

Das Eichhörnchen scharrt mit den Vorderpfoten die Erde für seine Vorratskammer auf. Im Herbst werden Nüsse, Pilze, getrocknete Beeren und Fichtenzapfen hier versteckt.

Das Eichhörnchen bringt eine Walnuß in seine Vorratskammer. Sie liegt vor der Fichte, wo das Eichhörnchen im Winter wohnt.

Im Kobel, das ist eine Baumhöhle hoch in den Zweigen einer hohen Fichte, wohnt das Eichhörnchen im Winter.

An sonnigen Wintertagen wacht das Eichhörnchen kurz auf und holt Nüsse aus der Vorratskammer.

Das Eichhörnchen

Eichhörnchen sind bei uns rotbraun oder schwarz. Sie haben einen buschigen Schwanz, und sie haben lustige Haarpinsel an den Ohren. In Riesensprüngen schwingen Eichhörnchen von Ast zu Ast, und sie klettern die Baumstämme mit dem Kopf nach unten hinunter. Das Eichhörnchen hält keinen durchgehenden Winterschlaf. Es ist ein Winterruher und verläßt an warmen Wintertagen seine gemütliche, mit Laub und Moos gepolsterte Baumwohnung.

Einkaufen für den täglichen Bedarf

Heute sind im Supermarkt die Waren verpackt und stehen in langen körperhohen Regalen. Die Waren sind in Gruppen sortiert. So gibt es ein Nudelregal mit verschiedenen Nudelsorten. Das Gewicht und der Preis stehen auf den Packungen. Auch Fleisch liegt bereits abgepackt und ausgewogen in der Kühltruhe. Ein Haltbarkeitsdatum steht auch auf jeder Packung. Das beachtet Bussi-Bär immer genau. Achte auch darauf, wenn du alleine einen Fruchtjoghurt kaufst.
Am Obststand können die Kunden ihre gewünschte Menge Bananen oder Äpfel selbst auswiegen und mit einem sofort gedruckten Preisetikett auszeichnen. An der Kasse tippt die Kassiererin die Beträge ein.

Die Erde ist ein Planet

Die Erde ist ein Planet, und sie umkreist die Sonne in 365,25 Tagen auf einer elliptischen Bahn. Das ist ein Jahr. Dabei dreht sich die Erde jeweils in 24 Stunden einmal um sich selbst. Das ist ein Tag. Der Planet Erde ähnelt einer großen Kugel mit einem Nord-Süd-Durchmesser von 12 712 Kilometern und einem Nord-West-Durchmesser von 12 756 Kilometern.

Aus dem Fruchtknoten der Blüte entsteht die Erdnuß.

Blütenblätter welken, der Fruchtknoten senkt sich in die Erde, die Erdnuß wächst.

Die Erdnüsse

Die Spanier und Portugiesen brachten die Erdnuß vor mehr als 400 Jahren von ihren Reisen mit nach Europa. Angebaut wird die Erdnuß heute besonders in Indien, in China, in den USA, im Sudan, im Senegal, aber auch im Süden von Spanien. Für ihr Wachstum benötigt die Erdnuß ein feuchtwarmes Klima.

Die Erdnuß ist eine sehr ungewöhnliche Pflanze. Sie blüht über der Erde, ihre Früchte aber wachsen im Boden.

Die Erdnußpflanzen mit ihren zarten, gelben Blüten wachsen dreißig bis sechzig Zentimeter hoch. Nach der Blüte und der Befruchtung entsteht ein etwa fünfzehn Zentimeter langer Fruchtstiel, der sich zur Erde krümmt und den Fruchtknoten in den Boden drückt.

Nun wächst die Erdnußschote heran. Sie besteht aus einer strohgelben Schale, in der sich zwei bis drei wohlschmeckende Kerne befinden. Nach fünf Monaten werden im Spätsommer die Erdnußbüsche mit einer Hacke oder einer Egge aus der Erde gezogen und die Erdnußschoten in der Sonne zum Trocknen ausgelegt. Nach zwei bis drei Tagen werden die Schoten geerntet und ihre Kerne vielfältig weiterverarbeitet.

Europa

Europa ist der zweitkleinste und am dichtesten besiedelte Erdteil. Die Menschen in Europa sind die Europäer. Sie sprechen über 70 Sprachen. Viele Europäer wünschen sich ein vereintes Europa ohne Grenzen, das 1993 teilweise verwirklicht wird.

Im Osten grenzt Europa im Uralgebirge in der GUS an den Erdteil Asien.

Die Staaten der Europäischen Gemeinschaft und ihre Hauptstädte:

Belgien – Brüssel
Dänemark – Kopenhagen
Deutschland – Berlin
Frankreich – Paris
Griechenland – Athen
Großbritannien – London
Irland – Dublin
Italien – Rom
Luxemburg – Luxemburg
Niederlande – Amsterdam
Portugal – Lissabon
Spanien – Madrid

Andere westeuropäische Staaten:

Andorra – Andorra
Island – Reykjavik
Finnland – Helsinki
Norwegen – Oslo
Österreich – Wien
Schweiz – Bern
Schweden – Stockholm

Weihnachtsbräuche in Europa

Auch in den europäischen Nachbarländern von Deutschland wird das Weihnachtsfest gefeiert, aber die Weihnachtsbräuche sind in diesen Ländern anders als bei uns. In Frankreich kommt in der Heiligen Nacht, wenn die Kinder schlafen, Père Noël und in England kommt in dieser Nacht Santa Claus zu den Kindern. Beide gelangen durch den Schornstein in die Häuser und füllen die Schuhe und Strümpfe der Kinder mit Geschenken. In Spanien bringen erst am Dreikönigstag, dem 6. Januar, die Heiligen Drei Könige den Kindern die Geschenke, und in Italien fliegt in der Nacht zum 6. Januar die gute Hexe Befana mit ihren Überraschungen zu den Kindern.

Fabrik Fahne
Fahrrad fahren
Fakir Falke
Familie fangen
Farbe Farn
Fasan Fasching
Februar Feder
Fee fegen
Felsen Fenster
Ferien Ferkel
Feuer
Feuerwehr
Fibel Fieber
Film Filter
Finger Fisch
Flasche
Flieder Fliege
fliegen
Fliegenpilz
Floh Flöte
Flugzeug Fluß
Flußpferd
Flut Forelle
Foto Fotograf
Freitag Freund
Friseur Frosch
Früchte Frühling
Fuß Fußball
füttern Futter

Flöte

Fenster

Fee

Fuchs

Familie – Die Gemeinschaft von Eltern mit ihren Kindern.

Fernsehen – 1925 wurde in Deutschland, England und Amerika den Menschen das Prinzip des Fernsehens vorgeführt, und 1935 wurde in Berlin die erste Fernsehanstalt der Welt gegründet.

Bussi-Bär füttert die Tauben.

Bussi-Bär fegt den Küchenboden.

Fieber – Erhöhung der Körpertemperatur über 37 Grad Celcius.

Flut – Höchster Wasserstand an der Küste.

Führerschein – Ein amtliches Dokument, das die Fahrerlaubnis für ein Motorrad, Auto oder Lastkraftwagen ist.

Feuer

Finger

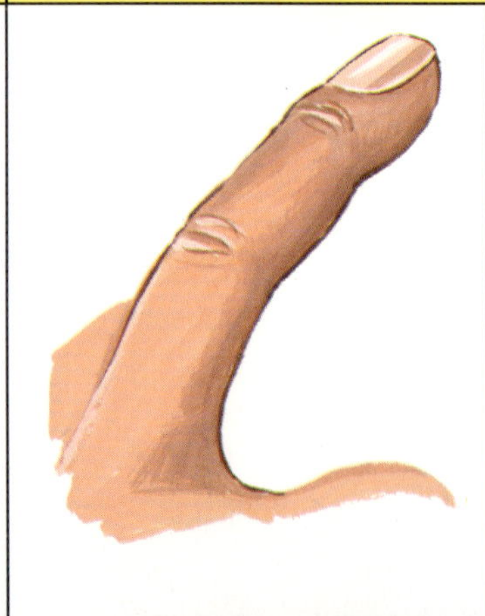

Früchte

Feder

Fische im Süßwasser

Die Süßwasserfische leben in Flüssen, Bächen, Teichen und ruhigen Seen. Sie bewegen sich im Wasser mit ihren Flossen vorwärts, wie andere Landtiere ihre Beine zum Laufen benutzen. Die Haut vom Schuppenkarpfen ist dicht mit Schuppen bedeckt. Sie überlappen sich wie Ziegel eines Daches. Fische fühlen sich glitschig an, denn ihr Schuppenkleid ist mit Schleim überzogen. So können sie besser im Wasser gleiten. Süßwasserfische fressen Schnecken, Würmer, Wasserinsekten und Wasserpflanzen. Ein Hecht ist fünfmal so lang wie dein Bussi-Bär-Buch, und er frißt sogar Frösche. Doppelt so groß wie ein Hecht ist ein Wels.

Die Flugzeuge fliegen

Das Papier ist nach oben leicht gewölbt, und Bussi bläst.

Kleine Flugzeuge wie der Bussi-Bär-Jet werden von Propellern, und große Flugzeuge werden von Düsentriebwerken in Geschwindigkeit versetzt und in die Höhe getrieben. Bewegt sich das Flugzeug, wird es von der Luft umströmt, so entsteht unter den Flügeln ein Luftstau, der das Flugzeug nach oben drückt, und die Luft über den Flügeln erzeugt den Sog, der das Flugzeug nach oben zieht. Beide Kräfte zusammen bilden eine Kraft, die Auftrieb genannt wird. Je größer die Flügelflächen, die auch Tragflächen genannt werden, sind, je größer ist der Auftrieb. Die Auftriebskraft muß auf jeden Fall größer sein als das Gewicht des Flugzeuges mit seinen Passagieren, der Besatzung, dem Gepäck und der notwendigen Bordverpflegung für eine lange oder kurze Flugreise.

Die Luft an der Oberseite des Papiers strömt schneller als unter dem Papier, dadurch entsteht an der Oberseite ein Unterdruck. Das Papier wird nach oben gesaugt.

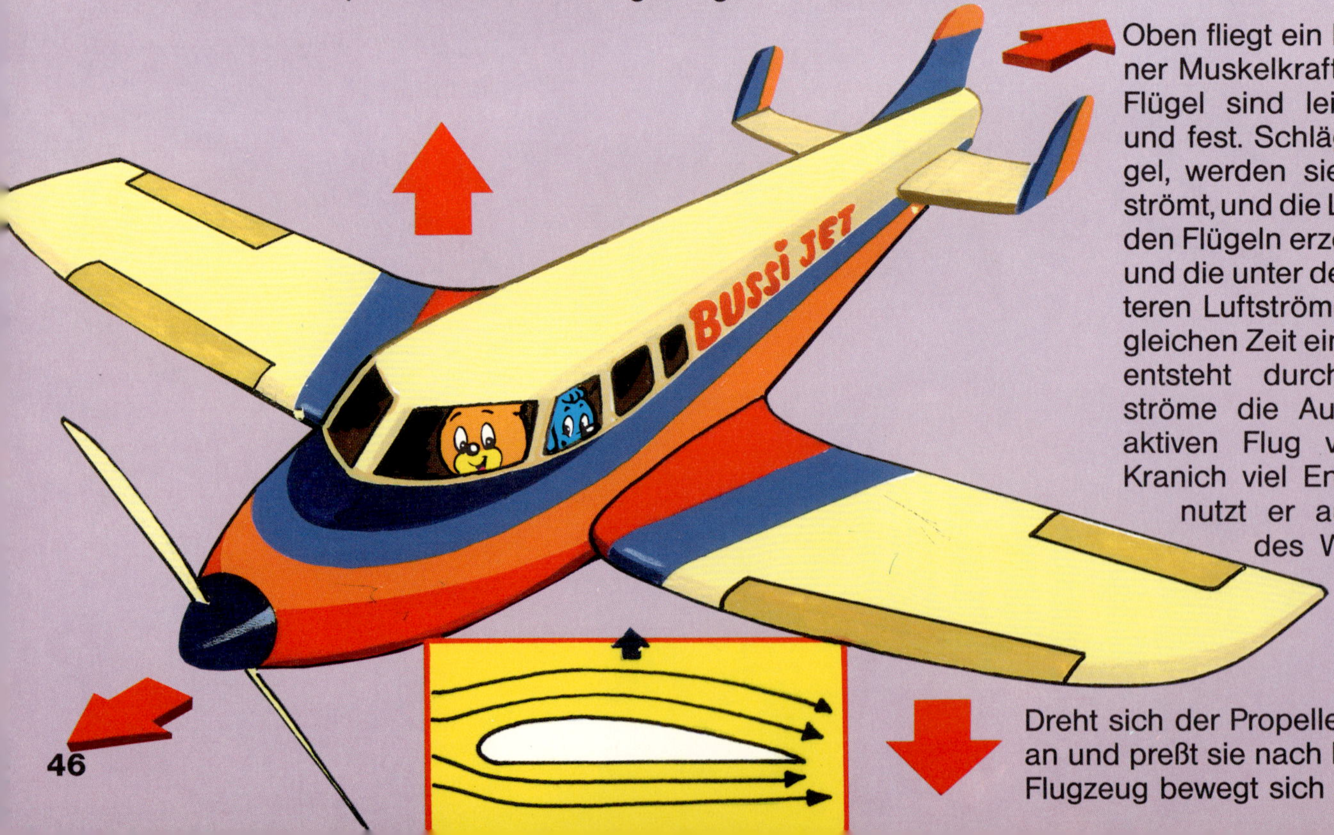

Oben fliegt ein Kranich mit seiner Muskelkraft. Seine großen Flügel sind leicht, gekrümmt und fest. Schlägt er seine Flügel, werden sie von Luft umströmt, und die Luftströme über den Flügeln erzeugen den Sog, und die unter den Flügeln dichteren Luftströme erzeugen zur gleichen Zeit einen Luftstau, so entsteht durch beide Luftströme die Auftriebskraft. Im aktiven Flug verbraucht der Kranich viel Energie. Deshalb nutzt er auch die Kräfte des Windes und der Sonne und segelt oder gleitet.

Dreht sich der Propeller, saugt er Luft an und preßt sie nach hinten, und das Flugzeug bewegt sich vorwärts.

Das Flußpferd bleibt bei Gefahr bis zu 15 Minuten unter Wasser.

Ein Flußpferdbulle frißt in einer Nacht fast einen Zentner Gras.

Das Flußpferd ist ein schwerfälliges Säugetier und kam früher häufig am Nil vor, deshalb wird es Nilpferd genannt. Heute lebt es in den afrikanischen Naturschutzgebieten. Das Flußpferd ist mit dem Schwein verwandt, und es wiegt etwa 40 Zentner. Ein Baby wiegt mehr als einen halben Zentner, und nach der Geburt kann es sofort schwimmen. Tagsüber ruht das Flußpferd am Ufer und schwimmt im Wasser. Zum Atmen erscheint es regelmäßig alle vier Minuten an der Wasseroberfläche. Im Maul von einem Flußpferdbullen sind gewaltige, kräftige Eckzähne, die mehr als doppelt so lang sind wie die Höhe deines Bussi-Bär-Buches.

Der Fuchs

Der Rotfuchs lebt in unseren einsamen Wäldern. Er gehört zur Familie der Hunde. Sein dichtes, rothaariges Winterfell ist begehrt. In seinem Jagdrevier fühlt sich der Fuchs sicher, und er jagt überwiegend nachts. Tagsüber schläft er in seinem Fuchsbau, den er meist zwischen dem Wurzelwerk eines Baumes mit vielen verzweigten Gängen und einem Notausgang angelegt hat. Im April bringt die Füchsin, sie heißt Fähe, 3 bis 8 Welpen zur Welt. Die jungen Füchse tollen gerne vor dem Fuchsbau herum.

Gabel gähnen Gans Garage Gärtner Garten Gast Gepäck Gebirge

Gebiß Geburtstag gehen Geige geigen Geheimnis Gehirn Gemüse Gespenst

Getränk Giebel Gießkanne Gips Giraffe Girlande Gitarre Gladiole Glas

Globus Glocke Gold Goldfisch Goldhamster Golf Gorilla Gramm Gras

Großeltern Grundschule Gummi Gurke Gürtel Gymnasium Gymnastik

Giraffe

Garage

Gorilla

Gespenst

Geburt – Bei der Geburt verläßt ein menschliches Kind oder ein Tierkind den Körper seiner Mutter.

Geld – Ein Zahlungsmittel, bestehend aus Münzen und Papierscheinen.

Bussi-Bär ist müde, er gähnt.

Bussi-Bär geigt auf der Geige.

Gemüse – Pflanzen, deren Blätter, Früchte, Knollen, Samen, Stiele, Wurzeln oder Zwiebeln eßbar sind.

Gletscher – Ein Eisfeld im Gebirge, das sich talabwärts bewegt.

Grippe – Eine ansteckende und fieberhafte Krankheit.

Gemüse

Gans

Globus

Gitarre

Die Gefühle leben in jedem Menschen

wütend

traurig

freudig

einsam

stark

schüchtern

ärgerlich

ängstlich

zornig

beleidigt

stolz

liebevoll

Wie Strubbelpeter sich fühlt und welche Gefühle Strubbelpeter seinem kleinen Freund Bello entgegenbringt, das siehst du auf den Situationsbildern. Es gibt viele Gefühle, bedingt durch Erlebnisse, Ereignisse, Handlungen von deinen Freunden. Lasse deinen Gefühlen freien Lauf, teile allen mit, was du fühlst, und sie werden dich verstehen und ein soziales Miteinander mit dir erleben.

Das Gehirn steuert

Gemüse und Früchte im Garten

Der Gebirgslori

Die Loris sind die farbenprächtigsten Papageien. Sie haben lange Flügel und pinselartige, aufgefaserte Zungen. Diese sind geeignet zum Lecken von Blütennahrung und Früchtenahrung. Der Gebirgslori lebt in Südaustralien und wird rasch zahm und zutraulich. Er ist wetterhart und verträgt unser Klima. Der Gebirgslori hat ein gutes Gedächtnis, kann singen und sprechen.

Der Gebirgslori sitzt oberhalb von einem Inkakakadu.
Der Inkakakadu ist eine australische Papageienart mit einer Federhaube.

Gegenteile

Im Sommer ist es warm, im Winter ist es kalt. Der Teller ist mit Suppe gefüllt, der Teller ist leer. Gegenteile gibt es überall. Einige siehst du hier.

lang kurz

dünn dick

süß sauer

offen geschlossen

sauber schmutzig

blühend welk

klein groß

schwer leicht

laut leise

vorne hinten

Die Giraffe

Die Giraffe ist das höchstgewachsene Säugetier. Sie wird bis sechs Meter hoch, ist ein Pflanzenfresser und frißt die Blätter, Knospen und jungen Triebe von den Bäumen. Trotz ihres langen Halses besitzt eine Giraffe nur sieben Halswirbel, ebenso viele wie ein Mensch. Giraffen leben in den afrikanischen Savannen und Steppen. Die Giraffenbabys werden im Stehen geboren, und sie sind so groß wie ein zwölfjähriges Kind. Eine Giraffe kann in der Stunde etwa 50 Kilometer laufen. Ist eine Giraffe in Gefahr, wehrt sie sich durch Tritte mit den Vorderhufen.

Haar Hacke Hafen Hafer Hahn Hai Hals Hamburger Hammer

hämmern Hampelmann Hamster Harfe Hase Haselnuß Haus heben Heft

Heizung Held helfen

Hemd Henne Herbst Herz

Heuschrecke Hexe Hirsch

Hirse Himmel Hobby

Hof Höhle Holz Honig

Hose Hotel Hund

Hühnerstall hüpfen Huhn

Hupe hupen

Husten Hut Hütte

Hamburger

Hotel

Harfe

Haus

Hafen – Ein Anker- und Anlegeplatz für kleine und große Schiffe.

Hauptstadt – In dieser Stadt eines Landes sind der Regierungssitz und der Parlamentssitz.

Hit – Ein Glücksfall oder einmaliger Treffer und meist die Bezeichnung für ein sehr erfolgreiches Musikstück.

Bussi hämmert einen Nagel in das Holz.

Bussi-Bär hüpft auf einem Bein.

Hobby – Eine Lieblingsfreizeitbeschäftigung.

Horizont – Die scheinbare Trennung zwischen Himmel und Erde, die man sehen kann.

Hund – Vom Wolf stammt der Hund ab, und er ist das älteste Haustier.

Hockey

Hosteß

Hamster

Hahn

Hahn, Henne und Küken

Der Hahn und die Henne

Die Hühner, der Hahn und die Henne, sind wichtige Haustiere. Sie geben uns Fleisch, und die Henne legt Eier. Hühner fressen junges Gras, Würmer, Insekten und Getreide. Der Unterschied zwischen Hahn und Henne ist am farbigen Gefieder vom Hahn und an den langen bunten Schwanzfedern zu erkennen. Die Hühner schlafen nachts auf Stangen im Hühnerstall. Mit lautem Krähen weckt der Hahn frühmorgens seine vielen Hennen.

Küken sind Kinder von Hahn und Henne. Sie kommen aus den Eiern. Ein Küken schlüpft aber nicht aus einem Frühstücksei. Das Ei, aus dem ein Küken schlüpft, ist vom Hahn befruchtet. Die Henne brütet das Ei aus. Nach drei Wochen schlüpft ein gelbes Küken aus dem Ei.

Der Hafen

Heute ist im Hafen die moderne Technik vertreten. Auf den beiden Seiten zuvor hat dein Bussi-Bär dir gezeigt, wie es vor ein paar hundert Jahren in einem Hafen zuging. Siehst du die vielen Unterschiede? Modernste Motoren treiben die Schiffsschrauben der Ozeanriesen an. Die Waren werden nicht mehr einzeln mittels Muskelkraft von vielen Menschen verladen. Kräne heben die riesigen Container, in denen die Waren verstaut sind, auf das Schiff. Diese Container werden wie Bausteine aufeinandergesetzt, so daß der Laderaum eines Schiffes total ausgenützt ist. So sind zum Verladen der Waren, die in ferne Länder gebracht werden, nur noch wenige Menschen erforderlich. Sie bedienen die Kräne oder fahren mit Gabelstaplern und Lastwagen die Container heran. Auch sind an den meisten Meereshäfen große Fabriken entstanden. Rohstoffe, die sie zur Herstellung ihrer Produkte benötigen, gelangen so vom Schiff sofort auf das Fabrikgelände.

Hafenleben

Früher war im Hafen ein reges Treiben. Riesige Segelschiffe ankerten in den Meereshäfen. Sie brachten Waren aus den neuentdeckten fernen Ländern. Waren, die die Bewohner der Meeresstadt nicht kannten. Seide, Kaffee, Tee und allerlei Gewürze. Auch ein dir vertrautes alltägliches Nahrungsmittel, die Kartoffel, wurde nach 1550 mit einem Segelschiff von Südamerika nach Europa gebracht. Die großen Segelschiffe mußten entladen werden. Das war eine schwere Arbeit für die Männer. Anschließend blieben die Segelschiffe eine längere Zeit im Hafen. Die gerissenen Segel wurden geflickt, brüchige Masten wurden erneuert, und Vorräte für die nächste lange Überfahrt mußten an Bord gebracht werden. Tiefkühlkost und Konserven gab es zu dieser Zeit natürlich nicht. So wurden lebendige Tiere mitgenommen. Bestimmt entdeckst du auf diesem Hafenbild noch vieles, das dir fremd ist. Frage deine Mami danach. Bestimmt wird sie es dir erklären.

Der Honig

Honig ist ein dickflüssiges Lebensmittel, das von Bienen erzeugt wird. Im Frühjahr sind die Bienen überall auf der Welt unterwegs, um Honig zu sammeln. Honig kommt meist aus den klimabegünstigten Ländern dieser Erde. Dort können die Bienen fünfmal soviel Honig im Jahr eintragen wie in Deutschland.

In unberührter Natur sammeln die Bienen den Vielblütenhonig.

Die Biene saugt mit ihrem Rüssel den süßen Saft, das ist der Nektar, aus den Blüten.

In einem Bienenstock sind viele Waben. Eine Wabe ist aus sechseckigen Zellen zusammengesetzt. In den Zellen verteilen die Bienen den Nektar. In den Brutzellen entstehen die Bienenkinder.

Der Imker Bussi nimmt die mit Wachs verdeckelte Honigwabe aus dem Bienenstock. Zum Schutz trägt er einen Hut und raucht eine Pfeife. Bussi befreit die Wabe von Wachs. Vier Waben setzt Bussi in eine Honigschleuder ein. Die Waben werden mit hoher Geschwindigkeit gedreht, und der Honig wird aus den Zellen herausgeschleudert. Der goldgelbe Honig fließt durch Siebe in einen Behälter.

Ibis Idee Igel Iglu illustrieren Illustrierte Iltis Imbiß Imker impfen

Impfung imponieren Indianer Indianerin Indien Industrie Information

informieren Inka Insekt

Insel Instrument Intelligenz

international Interview

isolieren Iris irren

Italien

Der Igel steht unter Naturschutz. Er ist ein Wildtier, das in Wäldern, Parkanlagen und Gärten lebt. Es ist erlaubt, den Igel zu pflegen, wenn er Hilfe braucht. Es ist aber verboten, Igel zu behalten und zu halten.

Der Igel

Der Igel lebt in Wäldern, Gärten und Parkanlagen. Anfang Herbst sucht sich der Igel ein warmes Plätzchen unter einem hohen Laubhaufen oder unter einer freigespülten Baumwurzel, polstert es mit weichem Moos aus und hält seinen Winterschlaf. Dabei verbraucht der Igel sein im Spätsommer angefressenes Fett, und er erwacht abgemagert im Frühjahr. Dann geht der Igel auf Nahrungssuche und frißt Schnecken, Mäuse, Regenwürmer, Kröten und Insekten. Im Sommer gebärt die Igelin meist 3 bis 7 Babys.

Die gummiartigen Stacheln der Igel richten sich nach der Geburt auf.

Naht Gefahr, zieht der Igel seinen Kopf, die kurzen Beine und den Schwanz ein und krümmt seinen Rücken zu einer Kugel. Unter dem Stachelkleid umschließt eine Muskelkappe den ganzen Körper, die Stachel werden aufgerichtet, und der Igel ist vor Feinden geschützt.

Igel

Bello irrt durch den Wald.

Impfung – Durch spritzen eines Mittels wird man vor bestimmten Krankheiten geschützt.
Industrie – Sammelbegriff für große Betriebe, in denen mit Maschinen und Menschen Autos, Möbel, Fahrräder usw. in großen Mengen hergestellt werden.

Infektion – Ist die Ansteckung, und es werden Krankheitserreger auf einen anderen Menschen übertragen.
Instinkt – Das angeborene Verhalten bei Menschen und Tieren.
Inka – Ein südamerikanisches Indianervolk.

Indianer

Bussi isoliert das Wasserrohr.

Insel

Bussi-Bär illustriert das Märchen.

Jacht Jacke Jackett Jagd jagen Jäger

Jaguar Jahr Jahreszeit Jahrhundert

Jahrmarkt Jalousie Japan Japaner Jasmin

Januar jäten Jazz Jeans Jeep jodeln

Jodler Jogging Joghurt Johannisbeere

jonglieren Jongleur Jubel jubeln Jubiläum

Judo Jugendherberge Juli Jumbo-Jet Junge

Juni Juwel Juwelier

Jaguar	Jeep	Jäger	Jongleur

Jahreszeiten – Das Jahr ist in die vier Zeitabschnitte Frühling, Sommer, Herbst und Winter eingeteilt.
Jede dieser vier Jahreszeiten ist ungefähr drei Monate lang.

Journalist – Ein Schriftsteller, der Artikel für Zeitungen schreibt.

Bussi-Bär jubelt und ist glücklich.

Bussi-Bär jongliert die Bälle.

Judoka – Ein Judokämpfer.

Jugendherberge – Eine Übernachtungsstätte für Jugendliche.

Jury – Eine Fachleutegruppe, die meist künstlerische und sportliche Leistungen bewertet.

Juwel	Jasmin	Jalousie	Japaner

Käfer Kaffee Kahn

Kaiser Kakao

Kaktus Kalb

Kalender

Kamel

Kamera

Kamin

Kamm

Kanarienvogel

Känguruh

Kaninchen Kapelle

Kapitän Kappe

Kapuze Karotte

Kartoffel Karussell Käse

Kasse Kastanie Katalog

Kater Katze kaufen

Kaugummi Kegel kehren Keks

Keller Kerze Kette Kimono

Kino Kiosk Kirche Kirschen Kissen

Klee Kleid klettern Klima Klingel

Knopf

Koch

kochen Kopf

Koralle Korb Krokodil

Krokus Kuckuck Kutsche

Kiosk

Kamm

Kamel

Känguruh

Käfer – Sind Insekten mit hartem Hautpanzer, drei Beinpaaren, Hinterflügeln und verhärteten Vorderflügeln.

Kalender – Eine tabellarische Zeiteinteilung des Jahres in Monate, Wochen und Tage.

Kirschen

Kapitän

Bussi-Bär küßt seinen Freund Bello.

Kompaß – Ein technisches Hilfsmittel zur Bestimmung der Himmelsrichtungen Norden, Osten, Süden und Westen.

Koralle – Kleines Meerestier mit Kalkskelett.

Kunststoff – Ein in einem chemischen Verfahren aus Erdöl und Kohle hergestellter Werkstoff.

Katze

Kegel

Krokodil

Kirche

Die Kakteen

Kakteen sind interessant geformte Pflanzen, die in trocknen Regionen, wie in der Wüste, in der Steppe und in Mittelmeerländer wachsen. Ihre Stengel sind kugelig, scheibenförmig oder säulenartig,und sie speichern Regenwasser in ihren besonderen fleischigen, stark verdickten Sproßachsen. Die Längsrippen der Sproßachsen erlauben es den Kakteen, sich bei der Wasseraufnahme auszudehnen, und das Wasser für die Trockenheit zu speichern. Die Dornen schützen die Pflanzen vor durstigen Tieren.

Die Königin der Nacht ist eine mittelamerikanische Kakteenart, und sie blüht nur eine Nacht.

Dicht unter der Erdoberfläche verlaufen Wurzeln um möglichst viel Regenwasser von großen Flächen aufzunehmen.

Der dornige Feigenkaktus wächst im Mittelmeerraum und er ist die verbreiteste Kaktusart.

Der Kaffernbüffel

Die Kaffernbüffel leben in den buschreichen Gebieten Südafrikas und Mittelafrikas. Ein Kaffernbüffel ist ein Monstrum und wiegt fast eine Tonne. Er frißt Gräser, Triebe und Blätter, er legt sich gerne im Schatten zur Ruhe, käut wieder und döst oder suhlt sich im Schlamm. Trotz seines plumpen Körperbaues kann der Kaffernbüffel dreimal so schnell galoppieren wie du gehst. Meist nachts, angeführt von einem alten Büffelbullen und einer alten Büffelkuh, wandern die Kaffernbüffel in großen Herden. Ein Büffelkalb wird nach einer Tragzeit von elf Monaten am Ende der Trockenzeit geboren und von der Mutter gesäugt.

Ein Büffelhorn ist dreimal so lang wie die Höhe deines Bussi-Buches. An jedem Fuß tragen die Büffel zwei Hufe.

Die Büffel sind Wiederkäuer wie unsere Rinder.

Die Büffelkuh gebärt höchstens ein Junges jährlich.

Spanischer Vogelmarkt auf der Rambla in Barcelona. Vor fünfhundert Jahren entdeckten die Spanier die Wildform unserer Kanarienvögel auf den Kanarischen Inseln.

Nistschale mit Heu und Baumwollfasern.

Hänflingshahn

Die Kanarienvögel

Die Kanarienvögel gehören zu der Familie der Finken, und sie sind Körnerfresser. Ein Männchen, das singt, ist bei uns ein beliebter Hausvogel. Die Kanarienweibchen singen nicht. Ein Käfig mit einer Sitzstange, aufgestellt an einem hellen Platz, ist das heutige Zuhause für einen Kanarienvogel. Neben der Körnergrundnahrung mögen Kanarienvögel Kopfsalat, Kohl und Löwenzahn sowie täglich frisches Wasser. Ein Kanarienpaar brütet im Frühjahr in einem Spezialkäfig mit einer Nistschale. Nach einer Brutzeit von zwei Wochen entschlüpfen die Küken.
Kanarienvögel in brillianten Farben werden erst seit einigen Jahrzehnten gezüchtet.

Im April pflanzt Bussi die keimende Kartoffel aus.

Bello buddelt die Kartoffel zu. Aus den Wurzeln einer Kartoffel werden 20 neue Kartoffeln wachsen. Deshalb nennt man die Kartoffeln Wurzelknollen.

Die Kartoffeln

Bereits vor über 2000 Jahren wurden im Hochland von Peru Kartoffeln angebaut. Spanier brachten 1565 die Kartoffeln zum erstenmal nach Europa. Bei uns werden viele Kartoffeln gegessen. In der Erde wachsen aus einer gepflanzten Kartoffel mehr als 20 neue Kartoffeln. Im Herbst vergilbt das grüne Kartoffelkraut, und Bussi-Bär gräbt die Kartoffeln aus und läßt sie trocknen. In einem trockenen, kühlen Raum lagert er sie ein.
Heute hat der Bauer zur Kartoffelernte moderne Maschinen, die die Kartoffeln ausgraben und sortieren. Aus bestimmten Kartoffelsorten wird Stärkemehl gewonnen. Daraus werden Suppen und Soßenpulver hergestellt.

Salzkartoffeln, Pommes frites, Pellkartoffeln, Kartoffelbrei, Kroketten und Kartoffelsalat siehst du hier:

Im Kindergarten

Bussi-Bär zeigt dir, was der kleine Tim an einem Tag im Kindergarten erlebt.
Gehst du auch gerne in den Kindergarten?
Es macht Spaß. Du kannst dort mit Kindern spielen, du lernst etwas gemeinsam zu unternehmen und füreinander Zeit zu haben, und du kümmerst dich um deine Freunde und hältst zu ihnen.

Mutti fährt Tim in den Kindergarten. Auf der Gehwegseite steigt er aus dem Auto.

Die Kindergärtnerin begrüßt Tim, und sie wünscht ihm einen schönen Tag.

Tim zieht seine Jacke aus und hängt sie auf.

Spielen macht Spaß.

Gemeinsam malen und basteln ist toll.

Im Krämerladen kauften früher die Leute ein

Vor hundert Jahren gab es keine Supermärkte mit modernen Tiefkühltruhen und elektronischen Kassen. Die Leute kauften alles beim Krämer. Das war ein Kleinhändler im Dorf oder in der Stadt. Im Krämerladen wurden die Kunden freundlich bedient, und die Leute hörten und erzählten die letzten Neuigkeiten.
Im Krämerladen gab es alles: Lebensmittel, Gemüse, Wurst, Käse, aber auch Knöpfe, Pinsel, Eimer und Töpfe. Die Wände waren bis zur Decke mit Regalen und Schubladen verstellt. Die Schubladen waren gefüllt mit Kaffeebohnen, Mehl, Kakaopulver, getrockneten Linsen und Salz. Die Waren wurden abgewogen und somit nach Gewicht verkauft oder stückweise, wie hier der Fisch. Zuckerpäckchen gab es früher nicht.
Von großen Zuckerhüten wurde die gewünschte Menge Zucker mit einem kleinen Beil abgespalten und abgewogen. Das Speiseöl wurde von einem großen Kanister in die mitgebrachte Flasche gefüllt.

Die Krokodile

Krokodile sind Kriechtiere, und sie leben in den warmen Gegenden von Afrika, Australien, Amerika und Asien an Seen, Sümpfen und Flüssen. Ein Krokodil hat eine lange Schnauze und einen kräftigen Schwanz. Es kann gut schwimmen und tauchen. Beim Tauchen werden die Nasenöffnungen verschlossen und die Ohren zugeklappt. So kann kein Wasser eindringen. Im Frühling legt die Krokodilmutter die Eier in das Erdnest. Nach 9 bis 10 Wochen schlüpfen die Babys aus.

lachen Lachs Laden Lager Lakritze Lama

Lamm Lampe Lampion Land Lappen Lärm

Lasso Laterne Laubbaum laufen Laus

Lawine Lebkuchen Leckerbissen Leder Leim

Leine Leiter Leopard Lerche lernen

lesen Leuchtturm Lexikon Libelle Licht Lied

Liege Liese Limonade Lineal Lippe Liter

Locke Löffel

Lokomotive Löwe

Löwenzahn Luchs

Luftballon

Lupe

Lampe	Lamm	Löwe	Leiter

Landkarte – Verkleinerte Darstellung der Erdoberfläche mit Bergen, Flüssen, Seen, Meeren und Städten.

Lawine – Eine Schneemasse oder eine Geröllmasse, die von einem steilen Berghang in das Tal stürzt.

Bussi-Bär liest ein Buch.

Bussi-Bär lacht laut.

LEGO – Kreiert aus der Kombination zweier dänischer Wörter: „LEg GOdt“ und bedeutet „spiel gut“. Seit 1953 werden die LEGO Bausteine hergestellt und wurden weiter zu dem LEGO System entwickelt. Die LEGO Elemente und die LEGO Themenkästen sind heute weltweit die beliebtesten Spielzeuge der Kinder.

Lupe – Ein Vergrößerungsglas.

Leopard	Laterne	Lampion	Libelle

Der Löwe

Der Löwe ist eine afrikanische Raubkatze und ein Fleischfresser. Er lebt gesellig in Rudeln mit einem oder mehreren Männchen, einigen Löwinnen und den Jungtieren. Der männliche Löwe hat eine dichte Halsmähne, und dieses majestätische Aussehen führte zu seinem Namen „König der Tiere“. Der Löwe führt ein faules Leben. Das Weibchen jagt hauptsächlich in der Abenddämmerung. Ihr erlegtes Beutetier ist dann die Nahrung für das ganze Rudel. Heute sind die Löwen in Kenia, Tansania und in den afrikanischen Nationalparks beheimatet.

Der Schwanz des Löwen endet in einer dunklen Haarquaste.

An den Ohren hat der Luchs lange, pinselartige Haarbüschel.

Der Luchs

Der Luchs ist eine Raubkatze, und er gehört wie Tiger, Löwe und Hauskatze zu der Katzenfamilie. Der Luchs hat lange Beine, kräftige, behaarte Pfoten und scharfe Krallen. Er trägt einen Backenbart und hat Ohren mit Pinselspitzen. Der Luchs ist so groß wie ein Schäferhund, er geht alleine auf die Jagd und lauert vom Baum seiner Beute wie Rebhühnern, Vögeln und kleinen Rehen auf, um sie im Sprung zu erhaschen. Im März paaren sich die Luchse, und die Luchsin bringt im Mai meist drei gefleckte Babies zur Welt. Die Babies werden von der Mutter gesäugt und für die Jagd im Wald trainiert.

Magen mähen Mai Maikäfer Mais Makkaroni malen Maler Mandarine Mandel Mantel Marathonlauf Margerite Marionette Marmelade Marmor März Marzipan Maske Matratze Matrose Mauer Maus Medaille Meer Meerschweinchen Mehl Meise melken Melodie Melone messen Messer Meter Mikado Milch Mineral-wasser Mirabelle Mittwoch mixen Mixer Möbel Mohnbrötchen Monat Mond Montag Moos Motor Motorrad Möwe Mühle Müll Mülldeponie Mülltonne Murmel Murmeltier Mutter Mütze

Makkaroni

Melone

Marmelade

Maus

Main – Der Main ist der längste Nebenfluß des Rheines und fließt durch Frankfurt, die Geburtsstadt Goethes.

Mannequin – Bedeutet Modepuppe und ist die Bezeichnung für eine Person, die bei einer Modenschau die neuesten Kleider vorführt.

Mauer

Mama

Bussi-Bär mäht die Wiese.

Meeresspiegel – Die Oberfläche des Meeres.

Mittelalter – Die Zeit nach dem Altertum, 500 nach Christi bis zu Beginn der Neuzeit, etwa um 1500 nach Christi.

Müll – Gegenstände oder Stoffe, die nicht mehr gebraucht werden.

Maske

Murmeltier

Mond

Motorrad

Im Mittelalter gab es Schreib-, Lese- und Rechenschulen und kirchliche Schulen

Bereits im Mittelalter gab es die Schreib- und Leseschulen, die Rechenschulen und die kirchlichen Schulen.
Ältere und jüngere Kinder wurden gemeinsam in einem Raum unterrichtet. Eine erste, zweite oder dritte Klasse gab es nicht. Die Kinder mußten sehr viel auswendig lernen.
Im Unterricht waren sie mucksmäuschenstill, denn der Lehrer oder die Lehrerin waren sehr streng. Vor dreihundert Jahren wurde bei uns zwar die allgemeine Schulpflicht eingeführt, doch mußten die Kinder nicht unbedingt die Schule besuchen. Die Kinder durften auch zu Hause oder in privaten Standesschulen unterrichtet werden.

Der kleine Mozart

Im Jahre 1992 jährte sich zum 200. Mal der Todestag des weltberühmten Komponisten Wolfgang Amadeus Mozart. Er starb im Alter von 35 Jahren am 5. Dezember 1791 arm und verschuldet. Erst Jahre später erkannten die Menschen das ungewöhnliche Genie dieses Musikers, der bereits als Fünfjähriger seine ersten Klavierstücke komponierte, die er seinem Vater vorspielte.

Am 27. Januar 1756 wird Wolfgang Amadeus Mozart in Salzburg in der Getreidegasse 9 geboren. Sein Vater Leopold, einer der gelehrtesten Menschen seiner Zeit, ist ein ausgezeichneter Geiger, Komponist und Vizekapellmeister der Salzburger Hofkapelle und Musiklehrer.

Wolfgang Amadeus Mozart, genannt Wolferl, wächst zusammen mit seiner fünf Jahre älteren Schwester Anna Maria, genannt Nannerl, auf. Frei und in sprachlicher Fröhlichkeit werden Wolferl und Nannerl von ihrer Mutter Anna erzogen. In Mozarts Wohnung gibt es ein Musikzimmer mit Klavieren, Flügel und Musikinstrumenten.

Mit drei Jahren reiht Wolfgang seine entzückend klingenden Töne auf dem Klavier zusammen. Ernsthaft erteilt Vater Leopold seinem vierjährigen Sohn Amadeus Klavierunterricht.

Wolferl lernt zehn kleine Klavierstücke, und ein Jahr später beginnt der junge Musiker zu komponieren. Der Vater erkennt die Sicherheit seines musikalischen Gedächtnisses und die Feinheit seines Gehörs, und er ahnt, daß sein Sohn eine Art Naturwunder ist. 1762 beginnt der Vater mit Wolferl und Nannerl seine Musikreisen nach Wien und später durch Europa.

Der Müll

Täglich fällt sehr viel Müll in jedem Haushalt an. Aber ist das wirklich alles Müll, der in die Mülltonnen geworfen werden muß und letztendlich mit dem Müllabfuhrauto zur Müllverbrennungsanlage oder zur Müllkippe gefahren wird?
Nein, fast alle Verpackungsartikel und Flaschen können wiederverwendet werden. Deshalb werfe bitte keine Pappschachteln, Papierverpackungen, Flaschen, Joghurtbecher und Plastikflaschen in die Mülltonne.
Machе es ebenso wie dein Bussi-Bär, der Umwelt zuliebe.

Bemale zwei Kisten für Weißglas und Buntglas, sammle Papier und Pappschachteln in einem Korb und auch alle Plastikartikel. Danach werfe die Dinge in die entsprechenden Müllcontainer in deiner Stadt oder bastel nach Herzenslust damit.

Die Mülldeponie

Bussi bohrt mit einem Bodenbohrer.

Eine Mülldeponie ist der Ort, wo der Müll gelagert wird. Die Mülldeponien befinden sich meist außerhalb der Stadt, und eine Plastikplane ist über das Erdreich der Grube gedeckt, in die der Müll gekippt wird, damit das Trinkwasser nicht verdirbt. Hier fährt Bussi-Bär mit dem Müllauto zur Mülldeponie, und er entleert aus dem Bauch des Müllautos den eingesammelten Müll der Stadt.

Danach wird ein schwerer Traktor auf dem Müll hin und her fahren und den Müll zusammendrücken. Ist die Mülldeponie gefüllt, wird der Müllberg mit Erde zugedeckt und bepflanzt.

Ja, der Müll wird nicht beseitigt, sondern nur zugedeckt, und jeder muß darauf achten, daß die Müllberge nicht größer und größer werden.

Bussi-Bär entnimmt eine Bodenprobe.

Nachtigall Nadel Nagel nageln Nagetier nähen Nähkasten Nähnadel

Narzisse Nase Nashorn Natur Nebel Neger nehmen

Nelke Nest Nikolaus Nilpferd

nisten Nixe Norden

Note November

Nudeln Null

Nummer Nuß

Narzisse

Nest

Noten

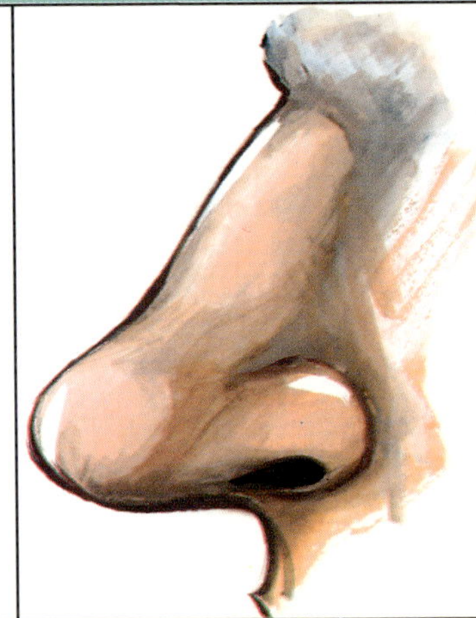

Nase

Bussi-Bär näht ein Hemd.

Nachtigall – Ein Singvogel aus der Familie der Drosseln.

Narkose – Eine vollständige Betäubung des menschlichen Körpers.

Naturfaser – Eine Faser für Textilien von einem Tier oder von einer Pflanze. Wolle ist eine Naturfaser.

Naturschutz – Der Schutz von noch erhaltenen natürlichen Landschaften, Pflanzen und Tieren.

Neuzeit – Die Zeit nach dem Mittelalter, Beginn etwa 1500 nach Christi.

Nikotin – Ein im Tabak enthaltener sehr giftiger Stoff.

Nil – Der längste Fluß der Erde. Er ist 6671 Kilometer lang.

Nomaden – Ein Wandervolk.

Nordpol – Der nördlichste Pol der Welt.

Bussi-Bär nimmt die Milch aus dem Kühlschrank.

Der Vogel nistet im Nest.

Der Nashornvogel

Der Nashornvogel mit dem roten Schnabel ist der kleinste Nashornvogel. Er wird so lang wie die Breite deines aufgeschlagenen Bussi-Bär-Buches, und er lebt in Savannen und Steppen von Afrika und Zentralasien. Sein langer Schwanz deutet auf das Baumleben der Nashornvögel hin. Sitzend auf dem Ast, ist er geschützt vor Feinden. Auf der Erde hüpft ein Nashornvogel schwerfällig umher. Nashornvögel essen Samen und Früchte. Das Weibchen legt in der Regenzeit ihre Eier in eine Baumhöhle, die ihr und später ihren Kindern viel Schutz bietet. Während des Brütens mausert das Weibchen, und so sind die Eier weich auf Federn gebettet.

Das Weibchen sucht eine leere Baumhöhle, kriecht hinein, legt ihre Eier und brütet. Das Männchen bleibt im Freien.

Zwei Wochen, ehe die Jungen flügge sind, bricht das Weibchen die Wand auf, verläßt ihre Kinder und füttert sie wie ihr Mann.

Das brütende Weibchen wird in der Baumhöhle mit Lehm und Kot eingemauert. Durch einen Spalt füttert das Männchen einen Monat lang seine Frau.

Noten, Tonleiter und Violinschlüssel

Das ist die Tonleiter:

ganze Note

halbe Note

Viertelnote

Achtelnote

Sechzehntelnote

Achtelnote mit erster und zweiter Stimme, die Töne sind gleich.

Hier darfst du die Tonleiter und ein paar Noten eintragen:

Taktstrich | $\frac{2}{4}$, $\frac{3}{4}$ oder $\frac{4}{4}$ Takt, Beispiel: $\frac{2}{4}$

Die Taktart gibt die Anzahl der Noten zwischen den Taktstrichen an.

Oase Obst Ochse Ofen Ohr Ohrring Oktober Öl Olive Olympiade
Oma Omnibus Onkel Opa Operation operieren Orange Orang-Utan Orchidee
Orgel Osten Osterei Osterfest Osterglocke Ostern Ozean

Orgel

Obst

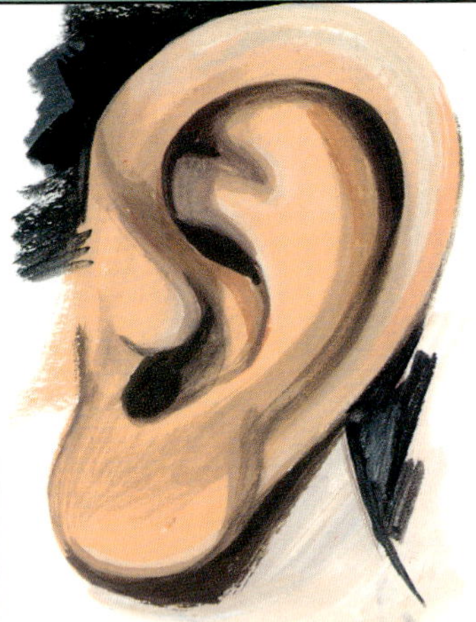

Ohr

Olympiade

Bussi-Bär orientiert sich mit seinem Kompaß.

Oase – Ein Ort in der Wüste, wo Wasser vorhanden ist und wo Pflanzen wachsen.

Obst – Die Zusammenfassung aller eßbaren Früchte und Samen, die an Bäumen und Sträuchern wachsen.

Ölpest – Die durch Erdöl verursachte Verschmutzung der Meere, Küsten und Seen.

Bussi-Bär, der Organist, orgelt.

Bussi-Bär operiert im Operationssaal.

Oper – ein Bühnenstück, in dem alle Schauspielerinnen und Schauspieler nur singen und nicht sprechen.

Orchidee – Eine Planze mit einer farbenprächtigen, kompliziert gebauten und stark duftenden Blüte.

Oase

Orange

Obst und Nüsse sind sehr gesund

Die Olympischen Spiele heute und einst

Am 25. Juli 1992 begannen für 3 Wochen die Olympischen Sommerspiele in Barcelona. Tausende von Sportlerinnen und Sportlern aus den fünf Erdteilen treffen sich dort zu fairen Wettkämpfen. Im Altertum wurden die Olympischen Spiele in dem griechischen Dorf Olympia zu Ehren von Zeus veranstaltet. Die Oympischen Spiele dauerten nur einen Tag. Erstmals wurden 776 vor Chr. die Sieger aufgezeichnet, und die Olympischen Spiele fanden alle vier Jahre statt. Die Zeitspanne dazwischen von vier Jahren heißt Olympiade. Im Jahre 393 n. Chr. verbot der römische Kaiser Theodosius die Olympischen Spiele.
Im Jahre 1892 lebte der olympische Gedanke unter Baron Pierre de Coubertin wieder auf, und 1896 wurden die ersten Olympischen Spiele der Neuzeit in Athen ausgetragen.

Die olympischen Ringe sind ineinander verschlungen, und sie stellen die fünf Erdteile Europa, Afrika, Amerika, Asien und Australien dar. Die besten Sportlerinnen und Sportler dieser fünf Erdteile sollen sich zu friedlichen und fairen Wettkämpfen treffen.

Das olympische Feuer wird jeweils vor Beginn der Wettkämpfe in dem Olympiastadion der Austragungsstadt entzündet. Viele Staffelläufer bringen das olympische Feuer mit einer Fackel aus dem griechischen Dorf Olympia zur Eröffnungsfeier in das Stadion.

So war es einst gewesen. Ursprünglich fanden die Olympischen Spiele vor mehr als 2700 Jahren erstmals in Griechenland statt. Die Sieger bekamen Zweige von einem Ölbaum anstatt Medaillen.

Die Olympischen Winterspiele wurden erstmals 1924 zeitversetzt neben den Olympischen Sommerspielen ausgetragen. 1936 fanden in Garmisch-Partenkirchen die Olympischen Winterspiele statt.

Die Olympischen Sommerspiele wurden bis heute zweimal in Deutschland ausgetragen. Sie fanden 1936 in Berlin und 1972 in München statt.

Päckchen Paket Palme Panther Pantoffel

Papagei Papier Paprika Pelikan Perle Pfau

Pfeffer Pfeife pfeifen Pferd Pfingsten

Pfingstfest Pfirsich

Pflanze pflanzen

Pilot Pilz

Pinguin Pinsel

Pinzette Pirat

Plastik Plastiktüte

Pony Post

Postleitzahl

Propeller

Pullover

Puppe

Peter

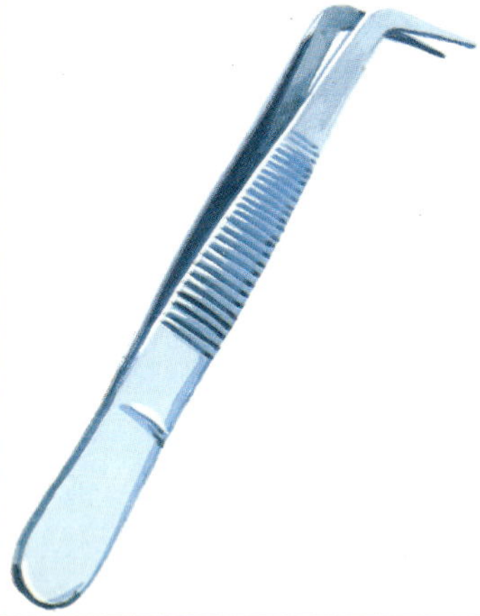

Pinzette

Panther

Perle

Palme

Puppe

Bussi-Bär pfeift auf seiner Pfeife.

Papst – Das Oberhaupt der römisch-katholischen Kirche.

Parlament – Die Volksvertretung in einer Demokratie.

Pegelstand – Höhe des Wasserspiegels.

Planet – Ein Himmelskörper, der nicht selbst leuchtet, und der sich in einer Kreisbahn um die Sonne bewegt.

Playmobil – Eine Spielwelt mit beweglichen Figuren, kreiert 1974 von Hans Beck.

Papagei

Pinguin

Pfau

Pirat

Die Kinnbacken vom Pavian heißen Hautbacken. Sie dehnen sich aus, wenn der Pavian sie mit Nahrung füllt.

Die Hinterfüße enden in je fünf kräftigen Zehen.

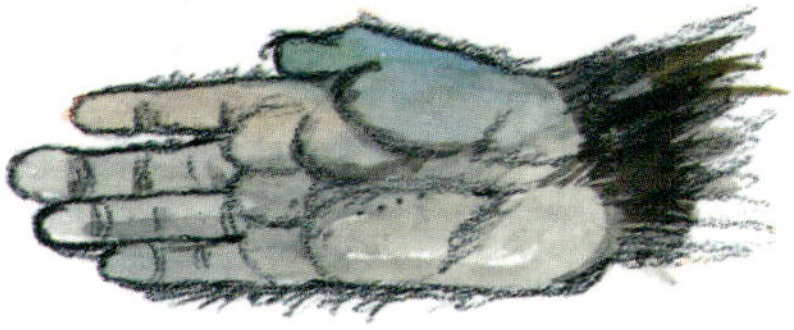

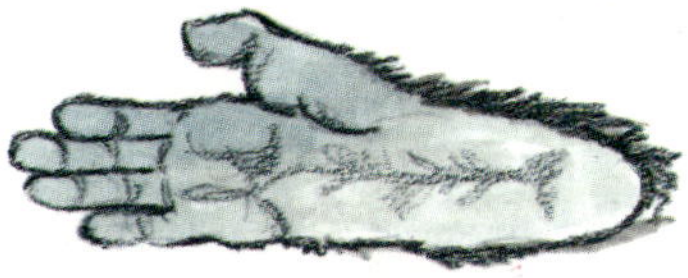

Die Vorderfüße enden in je fünf Fingern. Die Zehen und die Finger sind sehr beweglich. Der Pavian kann seinen Daumen vor die Finger stellen.

Die Paviane

Die Paviane leben in den afrikanischen Savannen in Horden. Es sind meist 50 Tiere oder mehr. Paviane haben eine längliche Schnauze und einen kräftigen Kiefer. Tagsüber leben sie auf dem Boden, ernähren sich von Pflanzen und Blüten, Ameisen und Wanderheuschrecken. Abends suchen sie Baumgruppen, klettern ins Geäst und schlafen auf Bäumen. Die Paviane paaren sich zu jeder Jahreszeit. Ein halbes Jahr später gebärt das Weibchen die Jungen. Ist die Mutter mit der Horde unterwegs, klammert sich das Baby an den Bauch der Mutter.

Die Pelikane

Dein Bussi-Bär zeigt dir den Rosapelikan und den Brillenpelikan. Der Brillenpelikan hat um seine Augen einen nackten weißen Hautring und trägt deshalb diesen Namen. Die Pelikane sind Wasservögel mit Ruderfüßen. Die Pelikanruderfüße haben 4 Zehen, die durch Häute miteinander verbunden sind. Der Brillenpelikan lebt an den Felsküsten Australiens und legt dort auf einigen Federn gebettet meist drei Eier. Die europäischen Pelikane brüten im Schilf oder im Reisig. Die Rosapelikane leben an einigen Stellen der Balkanhalbinsel und vor allem im Donaudelta. Die Pelikane sind sehr gute Schwimmer und Flieger. Sie haben lufthaltige Knochen und Luftpolster unter der Haut.

Die Pilze im Wald

Bussi-Bär und Bello sammeln Pilze im Wald. Es gibt Pilze, die schmecken köstlich und es gibt auch viele giftige Pilze. Du mußt lernen, die Pilze voncinander zu unterscheiden. Sammele stets Pilze zusammen mit deinen Eltern. Löse einen Pilz vorsichtig mit einer Drehung aus dem Boden heraus und säubere ihn von Erde und Nadelstreu. Dann legst du ihn in den Korb.

Kiefernsteinpilz

Krause Glucke

Echter Reizker

Maronenröhrling

Butterröhrling

Gallenröhrling

Pilze sehen verschieden aus. Den Butterröhrling erkennst du an seinem Stiel und dem dunkelbraunen Hut. Unter diesem trägt er seine buttergelbe Fruchtschicht.
Die Krause Glucke trägt ihre Fruchtschicht auf den verzweigten Enden der Strünke. Pilze sind gesund, sie enthalten Vitamine, Mineralsalze und Eiweiß.
Der Maronenröhrling ist roh giftig, aber gekocht ist er genießbar. Der Gallenröhrling ist ein sehr giftiger Pilz.

Apfeltäubling

Die Pfirsiche

Pfirsichblüte im Frühling

Der Pfirsichbaum stammt aus China. Vor Jahren wurde er nach Europa eingeführt. Bei uns wird der Pfirsichbaum in klimatisch warmen Gebieten angepflanzt. Noch bevor sich die Blätter entfalten, öffnen sich die Pfirsichblüten im Frühling. Diese frühe Pfirsichblüte Anfang Mai ist manchmal durch Spätfröste gefährdet. In dem becherförmigen Blütenboden steht der Fruchtknoten, umgeben von 5 Blütenblättern. Aus dem Fruchtknoten bildet sich die Frucht. Der Pfirsich ist eine Steinfrucht mit saftigem Fruchtfleisch, das den steinharten Kern umschließt. Im Kern liegt der Samen.
Pfirsiche werden in den Sommermonaten geerntet, von Ende Juli bis Anfang September.
Frische Pfirsiche schmecken köstlich.

Pfirsichbaum im Sommer

Frucht

Der „steinharte" Kern schützt den Samen

Saftiges Fruchtfleisch, umhüllt von einer dünnen Haut, umfaßt den Kern

Die Pinguine

Pinguine sind Meeresvögel, die nicht fliegen können. Sie leben meist in den eiskalten Wassern der Antarktis und in den südlichen Ozeanen. Die Pinguine benutzen ihre Flügelstummel als Flossen. Sie schwimmen und tauchen gut, erbeuten Fische und Krebse als Nahrung. An Land watscheln die Pinguine sehr unbeholfen. Ihre Federn sind schuppenartige Gebilde, die dachziegelartig fest übereinanderliegen. Unter der Haut von einem Pinguin sitzt eine dicke Fettschicht als Wärmeschutz und Nahrungsspeicher. Im Winter brüten die Pinguine an Land. Die Frau legt das Ei, und danach kehrt sie zum Fressen ins Meer zurück.

Das Weibchen legt das Ei und rollt es zum Mann.

Das Männchen rollt das Ei auf seine Füße und bedeckt es mit seiner warmen Bauchfalte völlig.

In der Brutzeit ernährt sich der Mann von seiner Fettschicht am Körper. Schlüpft das Küken aus, kommt die Mutter wieder.

Radieschen, Karotte, Sellerie

Kopfsalat, Spinat, Weißkraut

Pflanzen

Welche Pflanzenteile essen wir gerne?

Wurzel: Radieschen, Karotte, Sellerie.

Blätter: Spinat, Kopfsalat, Weißkraut.

Frucht: Bohne, Tomate, Paprika, Peperoni.

Stengel: Lauch, Kohlrabi.

Blüte: Rosenkohl, Blumenkohl.

Samen: Erbsen, Linsen, Mais.

Tomate, Bohne, Peperoni, Paprika

Lauch, Kohlrabi

Rosenkohl, Blumenkohl

Linsen, Mais, Erbsen

Ponypflege ist sehr wichtig

Einen Heubüschel hat Bello
dem Pony gereicht.
Das schmeckt lecker!
Und was macht Bussi-Bär?
Er putzt sein Pony.
Täglich muß das Pony
Tommy gebürstet und
gestriegelt werden.
Mit dem Striegel
entfernt Bussi den
groben Schmutz vom
Körper, und mit einer
weichen Bürste bürstet
Bussi-Bär das Haarkleid
damit es glänzt.
Mit einer weichen Bürste
bürstet Bussi auch den
Hals von Tommy.
Eine härtere Schmutzbürste
nimmt Bussi, um den harten,
groben Schmutz von den Beinen
und Füßen zu entfernen.
Bussis Pony Tommy
schaut zufrieden.
Es ist fast sauber.

Nun kämmt Bussi-Bär
die Schwanzhaare.
Das mag Tommy nicht
allzugern. Denn es
ziept und reißt
mächtig in den
langen Haaren.

Bussi-Bär reinigt
die vier Hufen.
Mit einem Hufkratzer
kratzt Bussi den
Dreck aus den Hufen.
Dazu braucht Bussi
sehr viel Zeit,
und geduldig steht
sein Pony auf
nur drei Beinen
und schaut Bussi zu.

„Jetzt reiten wir aus“,
sagt Bussi-Bär.
Das Pony Tommy freut
sich. Bussi legt den
Sattel auf Tommys
Rücken und läßt
den Bauchgurt
herunter. Dann zieht
er den Bauchgurt
auf der anderen
Seite hoch und
schnallt ihn fest.
Der Sattel ist
fest. Bussi kann
nun reiten.

Quader Quadrat Qualle Qualm Quark Quartett
Quarz Quelle Querflöte Quetzal Quintett
Quitte Quiz Quizmaster

Quark

Quick

Quirl

Quader

Qualle – Ein Hohltier, das im Meer lebt.

Quecksilber – Ein silbrig-weißes Schwermetall, das bereits bei europäischer Zimmertemperatur flüssig wird.

Quelle – Eine Stelle, an der Wasser aus der Erde kommt.

Der Frosch quakt.

Bussi-Bär quirlt mit dem Quirl den Teig.

Quittung – Ist eine Empfangsbestätigung oder Bescheinigung für den Kauf und die Bezahlung einer Ware.

Quiz – Ein Ratespiel.

Querflöte

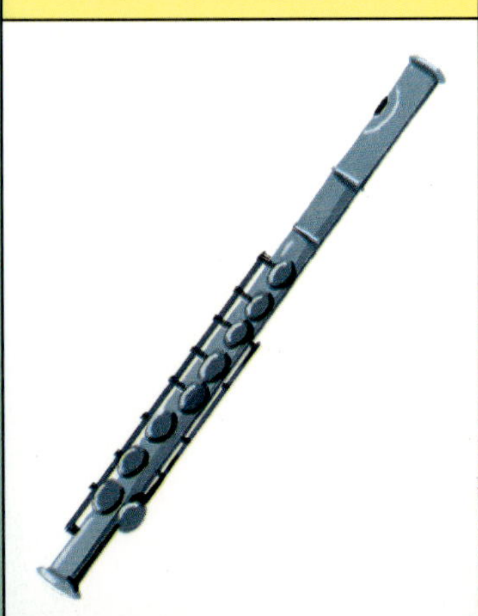

Quelle

Quizmaster

Quitte

Rabe Rad radeln Radfahrer Radiergummi Radieschen Radio Rakete

Ranzen Rasen Rathaus Ratte Rauch Raupe Rechen rechnen Regenschirm Reh

Reim reimen Reis reisen reiten Reiter rennen Rezept Riese Ring Ritter

Robbe Roboter Roller Rollstuhl Rose Rosine Rucksack Rüssel Ruine Rutschbahn

Rad

Reh

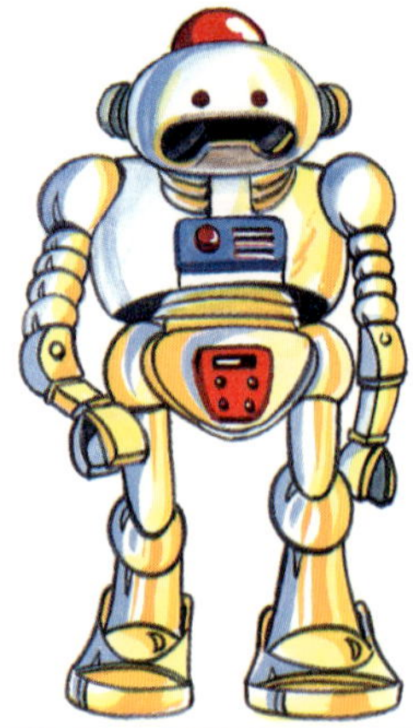

Roboter

Ratte

Bussi-Bär riecht den Duft der Rose.

Rakete – Ein Flugkörper, der nach Zünden der Treibstoffladung durch Rückstoß angetrieben wird und durch die Luft fliegt.

Recycling – Wiederverwendung von Müll.

Regierung – Gruppe von Männern und Frauen, die einen Staat leiten.

Riese – Übergroße baumhohe Märchengestalt in Sagen und Märchen.

Roboter – Eine menschenähnliche Maschine.

Rotes Kreuz – Eine internationale Hilfsorganisation.

Rundfunk – Übertragung einer Nachricht ohne Draht, sondern mit Hilfe von elektrischen Wellen. 1906 wurde in Amerika die erste Rundfunksendung ausgestrahlt.

Bussi-Bär ruft seinen Freund Bello.

Rose

Rock

Radio

Rabe

Regen und Regentropfen

Die meisten grauen Regenwolken entstehen über dem Wasser. Wenn die Sonne scheint, verdampft Wasser, und der Wasserdampf steigt auf. Es bilden sich dabei viele winzige Wassertröpfchen, die höher und höher in die kühleren Luftschichten gesogen werden und die Wolken entstehen. Die Regenwolken ziehen im Wind über Meer und Länder. Sind die Wolken zu schwer beladen, sinken sie zuerst tiefer, und dann fallen die Niederschläge, im Sommer als Regen und im Winter als Schnee.

Das Regenwasser, das auf die Erde fällt, versickert im Boden. Es sammelt sich in kleinen Pfützen und Rinnsalen. Die Erde trinkt sich satt. In der Erde sikkert das Regenwasser durch mehrere Erdschichten, Sandschichten und Gesteinsschichten. Dann sammelt es sich in unterirdischen Wasserläufen und fließt aus einer Quelle wieder raus. Das Wasser formt Bäche an verschiedenen Stellen, die Bäche münden in Flüsse, und die Flüsse münden in das Meer.

In der Paarungszeit folgt der Rehbock der Ricke.

Das männliche Reh, der Rehbock, trägt ein Geweih.

Im Schnee sind die beiden Hufe deutlich zu erkennen.

Das Reh

Die Rehe leben in unseren Wäldern, und Rehe haben große Augen. Der Rehbock trägt ein Geweih, das er jährlich im Herbst abwirft. In der Paarungszeit folgt der Rehbock dem weiblichen Reh, der Ricke. Dabei treibt er sie meist im Kreise vor sich her. Nach der Paarung im Juli gebärt die Ricke im nächsten Jahr ein oder zwei Kitze. Die Rehkitze haben ein weißgefärbtes Fell, das ist eine gute Tarnfärbung im Wald. Gleich nach der Geburt können sie laufen und stehen. In den ersten Tagen und Wochen werden die Rehkitze von der Mutter gesäugt. Die Rehe fressen Gras, Kräuter und Blätter, und sie ruhen tagsüber im Gebüsch oder Dickicht. Im Winter füttert der Förster die Rehe an den Futterkrippen.

Die Robben

1988 begann das Robensterben in der Nordsee. Umweltgifte im Meerwasser waren die Ursache.

Seehunde und Seelöwen gehören zu der Familie der Robben, die in den arktischen Eismeeren leben. Robben sind dem Wasserleben angepaßte Säugetiere. Sie können nicht laufen. Sie schieben ihren Körper nach vorn, sie „robben“. Bussi zeigt dir den Kalifornischen Seelöwen und ein Ringelrobbenbaby, das immer im weißen Fellkleid geboren wird. Ringelrobben sind eine Gattungsart der Seehunde. Der Kalifornische Seelöwe wird bis zu 2,50 m lang, 6 Zentner schwer und hat eine laute Stimme. Du siehst ihn im Zoo und im Zirkus.

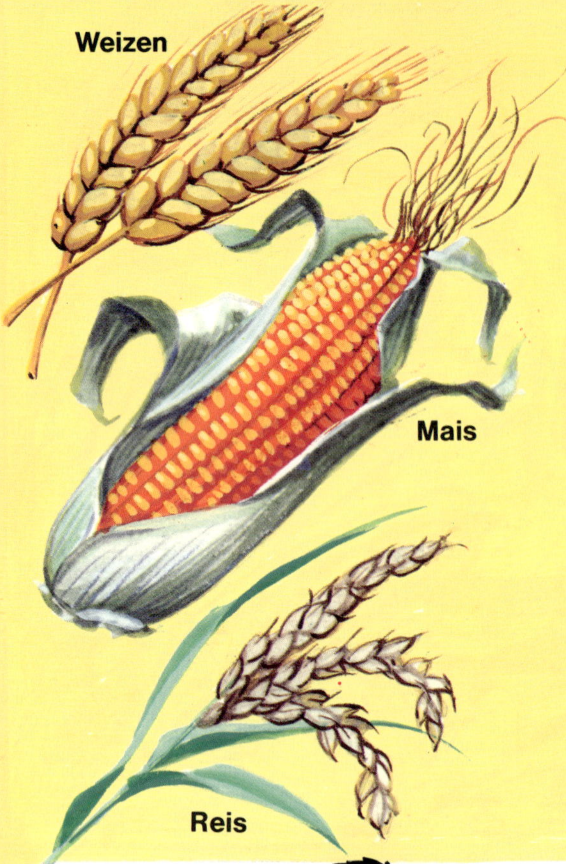

Der Reis

Reis wächst in wärmeren Ländern. Bei uns ist es zu kalt, um Reis anzubauen. Bereits vor mehr als 7000 Jahren bauten Inder und Chinesen Reis an. Danach kam der Reis nach Afrika, Europa und Amerika.
Reis ist ein Getreide wie Gerste, Weizen, Roggen und Mais.
Von der Reispflanze essen wir nur das Innere der Körner. Die Spelze ist eine Hülle, und sie schützt das Reiskorn beim Heranreifen.
Nach der Reisernte werden die Körner von den Spelzen geschält. Die Reiskörner können nun gekocht und danach warm oder kalt gegessen werden.

Die Reispflanze wächst im Wasser. Bis zur Ernte bildet jede Reispflanze ein Büschel von Halmen. Jeder Halm trägt eine Rispe mit Reiskörnern.

Bussi-Bär pflanzt die kleinen Setzlinge in das von Wasser überflutete Feld. Bis zur Ernte in drei bis sechs Monaten ist das Reisfeld ein Paradies für Vögel und Frösche. Vor der Ernte läßt Bussi-Bär das Wasser abfließen. Mit einer Sichel schneidet er die Reishalme, und er bindet sie zu Bündeln zusammen.

Säbel Sack säen Saft Sage Säge sägen Salami Salz Samstag Säugetier

Saxophon Schaf Schäfer Schallplatte Schere Scheune Schiff Schildkröte Schimpanse

Schloß Schlüssel Schmetterling Schnabel Schnecke Schnee Schneider schneien

schreiben schüchtern Schuh Schule

Schüler Schülerin Schwan

See Segelboot

Seife Sessel

Shetlandpony Ski

Skier Socke Sonne

Sonnenblume Sommer

Spiegel spielen stark

Stiefel stolz Strauß Stricknadel

Strumpf Stuhl Süden

Stuhl

Sonne

Schlüssel

Spiegel

Savanne – Eine tropische Graslandschaft.

Schildkröte – Ein Kriechtier mit einem Knochenhornplattenpanzer.

Schlange – Ein Kriechtier ohne Gliedmaßen.

Bussi-Bär singt ein Sommerlied.

Bussi-Bär springt über den Baumstamm.

Siebenschläfer – Ein eichhörnchenähnliches Nagetier mit einem buschigen Schwanz.

Skelett – Knochengerüst des Menschen oder des Wirbeltieres.

Steppe – Eine flache, dürre Graslandschaft.

Segelboot

Seife

Stiefel

Säge

Schnee, Schneesterne und Schneeflocken

Im Frühling und im Sommer, wenn es warm ist, regnet es aus den Wolken.

Im Winter, wenn es kalt ist, werden aus den Regentropfen Schneesterne.

Die Schneesterne fügen sich zu Schneeflocken zusammen.

Schnee und Wasser werden im Winter zu Eis.

Die Sonne scheint, der schmelzende Schnee läuft als Wasser vom Dach und …

… gefriert. So entstehen die Eiszapfen.

Wolken bestehen aus vielen kleinen Wassertropfen. Diese verbinden sich zu größeren Tropfen. Sind die großen Tropfen zu schwer, sinken die Wolken tiefer, und es regnet. Kühlt sich die Luft unter 0 Grad Celsius ab, kühlen sich auch die Wolken ab, und aus den kleinen Wassertröpfchen werden Eisnadeln, die sich zu Schneesternen unterschiedlicher Gestalt verbinden.

Die Schafe

Schafe sind Pflanzenfresser. Sie mögen Gräser, Knospen und Laub. Die Schafe nagen das Gras bis auf die Wurzeln ab. Ein männliches Schaf trägt auf seinem Kopf große, nach vorn gekrümmte Hörner.

Von den Schafen essen die Menschen das Fleisch, sie trinken die Milch, sie färben und verarbeiten die dichten Fellhaare der Schafe zu feiner und weicher Wolle, und sie gerben die Haut zu Leder.

Im Herbst und im Winter wächst jedem Schaf ein dichtes Fell. Das ist sein warmes Kleid in den kalten Wintertagen.

Im Frühjahr werden die Lämmer geboren. Ein Schaf wirft meist nur ein Lamm. Bald nach der

Geburt steht das Lamm, und es wird von der Mutter gesäugt. Nach vierzehn Tagen frißt das Lamm Gras.
Im Frühsommer werden die Schafe geschoren. Die kleinen Lämmer begleiten ihre Mütter zur Schur.
Bussi-Bär ist der Schafscherer. Er schert die dichten Fellhaare, die abgeschoren zusammenhängen und Vlies genannt werden. Dabei hält Bussi-Bär das Schaf gut fest. Das Scheren tut nicht weh.
Nach der Schur sehen die Schafe dünn und schmächtig aus. Die Fellhaare der Schafe wachsen bis zum nächsten kalten Winter wieder nach. Das Vlies wird gewaschen und gebleicht. Danach wird daraus Wolle hergestellt. Aus der Wolle strickt Bussi-Bär eine warme Bommelmütze und einen dicken, weichen Schal für Bello.

Die dichten Schaffellhaare bilden ein zusammen–hängendes Vlies.

Der Schimpanse

Der Schimpanse ist der kleinste Menschenaffe. Er lebt im dichten Urwald Afrikas und in den angrenzenden Savannen. Bussi zeigt einen Schwarzgesicht-Schimpansen und einen Weißgesicht-Schimpansen. Diese Schimpansen werden bis zu 40 Jahre alt. Sie fressen Pflanzen und Früchte, am liebsten Bananen und Wildfeigen. Ein Schimpanse kann auf seinen Händen und Füßen laufen, und er kann aufrecht gehen. Abends bauen die Schimpansen aus grünbelaubten Zweigen ihre Schlafnester auf den Bäumen und ruhen in Gemeinschaft.

Geht der Schimpanse auf allen vieren, setzt er nicht die Handflächen auf, sondern stützt sich auf die Knöchel der eingeschlagenen Finger.

Der Schimpanse kann in seinen Gesichtszügen Freude, Trauer

und auch Wut ausdrücken.

Die Entwicklung von einem Schmetterling:

Eier auf dem Blatt.

Aus dem Ei schlüpft eine Raupe. Sie frißt Blätter.

Die Raupe liegt in der Puppenhaut. Der Schmetterling entsteht.

Die Haut der Puppe platzt, der Schmetterling schlüpft aus.

Der Schmetterling breitet seine Flügel aus.

Die Schmetterlinge

Schmetterlinge sind Insekten. Der Schmetterlingskörper ist gegliedert in Kopf, Brust und Hinterleib. Auf dem Brustteil sitzen vier Flügel. Die Flügel haben eine farbenprächtige Oberseite und eine unauffällig gefärbte Unterseite. Beim Sitzen auf Blüten falten die Schmetterlinge ihre Flügel zusammen. Deshalb heißen die bunten Schmetterlinge auch Falter. Ihre Nahrung ist der Nektar aus Blüten und Blumen. Sie saugen den Pflanzensaft mit ihrem Saugrüssel auf.

Das Shetland-Pony

Das Shetland-Pony stammt ebenso wie alle unsere Pferde von dem Urwildpferd ab. Vor vielen Tausenden von Jahren haben die Menschen durch Nahrung, moderne Zuchtwahl, Klima sowie Kreuzungen die vielen Pferdearten geschaffen, so auch das Shetland-Pony. Es dürfte vor 4000 Jahren von Skandinavien auf die schottischen Shetland-Inseln gekommen sein. Das Shetland-Pony wird höchstens 105 Zentimeter groß und ist ein außergewöhnliches kräftiges Tier. Es hat wie alle Ponys kurze Beine, einen stämmigen Körper und einen sicheren Tritt und ist sehr gutmütig. Es wurde auf den sturmumbrausten Shetland-Inseln zur Feldarbeit, Torfabbau und sogar zur Untertagearbeit in Kohlebergwerken eingesetzt. Heute ist das Shetland-Pony das beliebte „erste Pferd" der kleinen Kinder und eignet sich gut als Kutschenpony.